대한민국 법령 시리즈 390

출판문화산업 진흥법
(약칭 : 출판법)

법령
시행령
시행규칙

해광출판사

머리말

이 책은 방대한 법전을 보지 않고 간편하게 해당되는 법령만 참고해서 볼 수 있도록 하였습니다. 공공기관이나 관련 종사자들이 쉽고 간편하게 해당 법령을 참조 할 수 있도록 하였습니다.

특히 해당법률은 물론 관련 시행령, 시행규칙을 함께 실어 관련법을 서로 참고할 수 있게 하였습니다.

법률이라는 것이 크든 작든 항상 변하는 관계로, 출간 이후의 정확하고 최신의 법률은 법제처 국가법령정보센터에서 확인이 가능하니 법률의 실제 적용 시 확인이 필요한 점 유의하기를 바랍니다.

편집부

* 수록 법률은 법제처 국가법령정보센터에서 확인 가능합니다.
* 발행일 기준 시행 법률이므로 최신 법령은 위 센터에서 볼 수 있습니다.
* 본 책자에 수록된 법률의 문구에 대하여 법적인 효력은 없으며,
  실제 적용 법률은 위 센터에서 최신의 법률로 확인하시기 바랍니다.
* 해당 법령과 함께 시행령, 시행규칙도 수록되어 있습니다.
* 발행일 기준으로 개정 예정 법률은 밑줄로 별도 표시되어 있으며,
  보다 정확한 것은 법제처에서 확인하기 바랍니다.

목차

출판문화산업 진흥법 / 7

출판문화산업 진흥법 시행령 / 45

출판문화산업 진흥법 시행규칙 / 65

출판문화산업 진흥법
(약칭 : 출판법)

[시행 2025. 4. 8.] [법률 제20919호, 2025. 4. 8., 일부개정]

제1장 총칙 〈개정 2009. 3. 25.〉
제1조(목적)
제2조(정의)
제3조(적용 범위)
제2장 출판문화산업의 진흥 〈개정 2009. 3. 25.〉
제4조(출판문화산업 진흥계획의 수립 · 시행)
제5조(전문인력 양성의 지원)
제6조(국제교류의 지원 등)
제7조(시설 · 유통의 현대화 지원 등)
제7조의2(지역서점 활성화 지원 등)
제8조(출판문화산업의 기반시설 등 확충)
제8조의2(표준계약서의 제정 · 보급)
제3장 출판사의 신고 등 〈개정 2007. 7. 19.〉
제9조(신고)
제10조삭 제
제11조(폐업 및 직권말소)
제4장 삭제 〈2012. 1. 26.〉
제12조삭 제
제13조삭 제
제14조삭 제
제15조삭 제
제5장 한국출판문화산업진흥원 등 〈개정 2010. 3. 17., 2012. 1. 26.〉
제16조(한국출판문화산업진흥원의 설치 등)
제16조의2(진흥원의 정관)
제16조의3(진흥원의 임원)
제16조의4(진흥원의 직무)
제17조(간행물윤리위원회의 설치 등)
제18조(위원회의 기능)

제19조(간행물의 유해성 심의)
제19조의2(고시 및 통보 등)
제19조의3(의견문의)
제20조(소위원회)
제20조의2삭　제
제21조(경비 보조)
제21조의2(감독)
제6장 간행물의 유통 등
제22조(간행물 정가 표시 및 판매)
제23조(간행물의 유통질서)
제24조삭　제
제25조(불법복제간행물등의 수거 · 폐기 등)
제25조의2(포상금)
제26조(권한의 위임 · 위탁)
제27조(벌칙 적용 시의 공무원 의제)
제27조의2(규제의 재검토)
제7장 벌칙 〈개정 2009. 3. 25.〉
제27조의3(벌칙)
제27조의4(양벌규정)
제28조(과태료)

**개정 예정 법률 밑줄 별도 표시.

출판문화산업 진흥법
(약칭 : 출판법)

[시행 2025. 4. 8.] [법률 제20919호, 2025. 4. 8., 일부개정]

제1장 총칙 〈개정 2009. 3. 25.〉

제1조(목적) 이 법은 출판에 관한 사항 및 출판문화산업의 지원·육성과 간행물의 심의 및 건전한 유통질서의 확립에 필요한 사항을 규정함을 목적으로 한다.

[전문개정 2009. 3. 25.]

제2조(정의) 이 법에서 사용하는 용어의 뜻은 다음과 같다. 〈개정 2012. 1. 26., 2021. 8. 10.〉

1. "출판"이란 저작물 등을 종이나 전자적 매체에 실어 편집·복제하여 간행물(전자적 매체를 이용하여 발행하는 경우에는 전자출판물만 해당한다)을 발행하는 행위를 말한다.

2. "출판사"란 출판을 업(業)으로 하는 인적·물적 시설을 말한다.

3. "간행물"이란 종이나 전자적 매체에 실어 읽거나 보거나 들을 수 있게 만든 것으로 저자, 발행인, 발행일, 그 밖에 대통령령으로 정하는 기록 사항을 표시한 것을 말한다.

4. "전자출판물"이란 이 법에 따라 신고한 출판사가 저작물 등의

내용을 전자적 매체에 실어 이용자가 컴퓨터 등 정보처리장치를 이용하여 그 내용을 읽거나 보거나 들을 수 있게 발행한 전자책 등의 간행물을 말한다.

5. "외국간행물"이란 외국(북한을 포함한다. 이하 같다)에서 출판된 간행물을 말한다.

6. "배포"란 일반인에게 대가를 받거나 받지 아니하고 간행물을 양도(讓渡)하거나 빌려 주거나 전시하는 것을 말한다.

7. "출판문화산업"이란 간행물의 출판·유통산업 및 그에 밀접히 연관된 산업을 말한다.

8. "유해간행물"이란 국가의 안전이나 공공질서 또는 인간의 존엄성을 뚜렷이 해치는 등 반국가적·반사회적·반윤리적인 내용의 유해한 간행물로서 제17조에 따른 간행물윤리위원회가 제19조제1항에 따라 심의·결정한 것을 말한다.

9. "서점"이란 간행물을 최종소비자에게 판매하는 상행위를 업으로 하는 장소·시설 또는 정보통신설비를 이용하여 재화 등을 거래할 수 있도록 설정된 가상의 영업장을 말한다.

[전문개정 2009. 3. 25.]

제3조(적용 범위) 이 법은 모든 출판 및 간행물에 대하여 적용하되, 다음 각 호의 어느 하나에 해당하는 것에는 적용하지 아니한다. 〈개정 2012. 1. 26.〉

1. 「음악산업진흥에 관한 법률」 제2조제4호에 따른 음반

2. 「영화 및 비디오물의 진흥에 관한 법률」 제2조제12호에 따른 비디오물

3. 「게임산업진흥에 관한 법률」 제2조제1호에 따른 게임물

4. 「잡지 등 정기간행물의 진흥에 관한 법률」 제2조제1호에 따른 정기간행물 및 「신문 등의 진흥에 관한 법률」 제2조제1호·제2호에 따른 신문·인터넷신문. 다만, 이 법에 정기간행물, 신문 및 인터넷신문에 관하여 특별한 규정이 있는 경우에는 이 법을 적용한다.

[전문개정 2009. 3. 25.]

제2장 출판문화산업의 진흥 〈개정 2009. 3. 25.〉

제4조(출판문화산업 진흥계획의 수립·시행) ① 문화체육관광부장관은 출판문화산업의 진흥에 필요한 기본계획(이하 "진흥계획"이라 한다)을 5년마다 수립·시행하여야 한다.

② 진흥계획에는 다음 각 호의 사항이 포함되어야 한다.

1. 전문인력 양성의 지원
2. 양서(良書) 출판의 장려·지원
3. 국내외 우수저작물의 번역 지원
4. 출판시설 및 간행물 유통의 현대화 지원
5. 전자출판의 육성·지원
6. 국제교류·협력 및 수출시장 확대의 지원
7. 만화산업의 육성·지원
8. 서점(書店) 및 제본업(製本業) 등의 지원
9. 그 밖에 출판문화산업의 지원에 관한 사항

③ 문화체육관광부장관이 진흥계획을 수립하려면 미리 관계 중앙행정기관의 장과 협의하여야 하며, 출판문화산업 관련 단체의 의견

을 들어야 한다.

④ 문화체육관광부장관은 진흥계획을 수립·시행하기 위하여 필요하면 특별시장·광역시장·특별자치시장·도지사 또는 특별자치도지사(이하 "시·도지사"라 한다)에게 협조를 요청하거나 시·도지사를 지원할 수 있다. 〈개정 2012. 1. 26.〉

[전문개정 2009. 3. 25.]

제5조(전문인력 양성의 지원) ① 문화체육관광부장관은 출판문화산업을 진흥하기 위하여 필요한 관련 분야 전문인력의 양성을 지원하여야 한다.

② 제1항에 따른 전문인력 양성에 관하여는 「문화산업진흥 기본법」 제16조를 준용한다. 이 경우 "문화산업"은 "출판문화산업"으로 본다.

[전문개정 2009. 3. 25.]

제6조(국제교류의 지원 등) ① 문화체육관광부장관은 출판문화산업을 진흥하기 위하여 국제교류가 활성화될 수 있도록 지원하여야 한다.

② 제1항에 따른 국제교류 활성화의 지원 대상·방법 및 절차 등에 관하여 필요한 사항은 대통령령으로 정한다.

[전문개정 2009. 3. 25.]

제7조(시설·유통의 현대화 지원 등) ① 문화체육관광부장관은 출판사의 시설 및 유통 현대화를 지원하기 위하여 필요한 노력을 하여야 한다.

② 간행물을 출판하는 자는 「도서관법」 제23조에 따른 국제표준자료번호를 부여받아 해당 출판물에 표시하여야 한다. 〈개정 2021.

12. 7.〉

③ 제1항에 따른 시설 및 유통 현대화 지원의 대상·방법 및 절차 등에 관하여 필요한 사항은 대통령령으로 정한다.

[전문개정 2009. 3. 25.]

제7조의2(지역서점 활성화 지원 등) ① 국가와 지방자치단체는 다음 각 호의 요건을 갖춘 서점(이하 "지역서점"이라 한다)이 활성화될 수 있도록 정책을 수립하고 이에 필요한 지원을 하여야 한다. 다만, 지방자치단체는 지역 실정에 따라 지역서점의 요건을 조례로 달리 정할 수 있다.

1. 관할 지역에 주소와 매장을 두고 불특정 다수가 이용할 수 있을 것

2. 「부가가치세법」 제8조에 따라 서적 소매업으로 사업자등록을 하였을 것

3. 「중소기업기본법」 제2조에 따른 중소기업자가 경영할 것

② 문화체육관광부장관은 제1항에 따른 지역서점 활성화 정책의 수립 및 지원에 필요한 기초자료로 활용하기 위하여 지역서점에 관한 실태조사를 실시할 수 있다. 이 경우 실태조사 결과 지역서점이 없는 지역에 대하여는 해당 지방자치단체의 장과 협의하여 별도의 지원책을 마련하여야 한다.

③ 문화체육관광부장관은 제1항에 따른 지역서점 활성화 정책의 수립을 위하여 필요한 경우 지방자치단체의 장에게 관련 자료를 요청할 수 있다.

④ 지방자치단체는 지역서점 활성화에 필요한 사항을 조례로 정할

수 있다.

⑤ 지방자치단체의 장은 교육감과 협력하여 관할 지역의 도서관(「도서관법」 제3조에 따른 도서관을 말한다)이 도서를 구매하는 경우 지역서점을 이용하도록 독려하여야 한다. 〈개정 2021. 12. 7.〉

⑥ 제2항에 따른 지역서점에 관한 실태조사의 방법 및 절차 등에 필요한 사항은 대통령령으로 정한다.

[본조신설 2021. 8. 10.]

제8조(출판문화산업의 기반시설 등 확충) ① 국가와 지방자치단체는 출판문화산업의 기반시설을 확충하거나 그 단지를 조성하는 등 출판문화산업의 기반시설을 확보하기 위하여 노력하여야 한다.

② 제1항에 따라 출판문화산업의 기반시설을 확보하려는 경우에는 「문화산업진흥 기본법」 제21조부터 제28조까지, 제28조의2, 제28조의3, 제29조 및 제30조를 준용한다.

[전문개정 2009. 3. 25.]

제8조의2(표준계약서의 제정·보급) ① 문화체육관광부장관은 계약의 당사자가 대등한 입장에서 저작물 등의 창작·편집 또는 간행물의 발행·판매 등 출판 관련 계약을 공정하게 체결할 수 있도록 표준계약서를 마련하고 이를 보급하여야 한다.

② 문화체육관광부장관은 제1항에 따른 표준계약서를 제정 또는 개정하는 경우 공정거래위원회와 협의하여야 하고, 관련 사업자단체 등 이해관계자와 전문가의 의견을 들어야 한다.

[본조신설 2023. 8. 8.]

제3장 출판사의 신고 등 〈개정 2007. 7. 19.〉

제9조(신고) ① 출판사를 경영하려는 자는 미리 그 출판사가 있는 곳을 관할하는 특별자치시장·특별자치도지사·시장·군수·구청장(이하 자치구의 구청장을 말한다. 이하 "시장등"이라 한다)에게 다음 각 호의 사항을 신고하여야 한다. 신고한 사항을 변경[경영자(법인이나 단체인 경우에는 그 대표자)의 주소를 변경할 경우는 제외한다]할 때에도 미리 신고하여야 한다. 〈개정 2017. 3. 21., 2018. 12. 24.〉

1. 출판사의 이름 및 소재지
2. 경영자(법인 또는 단체인 경우에는 그 대표자)의 성명 및 주소

② 시장등은 제1항에 따른 신고 또는 변경신고를 받은 날부터 10일 이내에 신고수리 여부를 신고인에게 통지하여야 한다. 〈신설 2017. 3. 21.〉

③ 시장등이 제2항에서 정한 기간 내에 신고수리 여부나 민원 처리 관련 법령에 따른 처리기간의 연장 여부를 신고인에게 통지하지 아니하면 그 기간이 끝난 날의 다음 날에 신고를 수리한 것으로 본다. 〈신설 2017. 3. 21.〉

④ 시장등은 제1항에 따른 신고(이하 "신고"라 한다)를 한 자에게 신고확인증을 내주어야 한다. 〈개정 2017. 3. 21.〉

⑤ 시장등은 신고를 받으면 그 신고 사항을 시·도지사(특별자치시 및 특별자치도의 경우는 제외한다)를 거쳐 문화체육관광부장관에게 보고하여야 한다. 〈개정 2017. 3. 21.〉

[전문개정 2009. 3. 25.]

<u>제9조(신고) ① 출판사를 경영하려는 자는 미리 그 출판사가 있는 곳</u>

을 관할하는 특별자치시장ㆍ특별자치도지사ㆍ시장ㆍ군수ㆍ구청장(이하 자치구의 구청장을 말한다. 이하 "시장등"이라 한다)에게 다음 각 호의 사항을 신고하여야 한다. 신고한 사항을 변경[경영자(법인이나 단체인 경우에는 그 대표자)의 주소를 변경할 경우는 제외한다]할 때에도 미리 신고하여야 한다. 〈개정 2017. 3. 21., 2018. 12. 24.〉

1. 출판사의 이름 및 소재지

2. 경영자(법인 또는 단체인 경우에는 그 대표자)의 성명 및 주소

② 삭제 〈2025. 3. 25.〉

③ 삭제 〈2025. 3. 25.〉

④ 시장등은 제1항에 따른 신고(이하 "신고"라 한다)를 한 자에게 신고확인증을 내주어야 한다. 〈개정 2017. 3. 21.〉

⑤ 시장등은 신고를 받으면 그 신고 사항을 시ㆍ도지사(특별자치시 및 특별자치도의 경우는 제외한다)를 거쳐 문화체육관광부장관에게 보고하여야 한다. 〈개정 2017. 3. 21.〉

[전문개정 2009. 3. 25.]

[시행일: 2025. 6. 26.] 제9조

제10조 삭제 〈2009. 3. 25.〉

제11조(폐업 및 직권말소) ① 제9조에 따라 신고를 한 자가 영업을 폐업한 경우에는 폐업한 날부터 30일 이내에 문화체육관광부령으로 정하는 바에 따라 관할 시장등에게 폐업신고를 하여야 한다. 〈개정 2018. 12. 24., 2025. 4. 8.〉

② 시장등은 제1항에 따라 폐업신고를 받거나 제3항에 따라 신고 사항을 직권으로 말소한 경우에는 그 사실을 시ㆍ도지사(특별자치시

및 특별자치도의 경우는 제외한다)를 거쳐 문화체육관광부장관에게 보고하여야 한다. 〈개정 2017. 3. 21., 2018. 12. 24.〉

③ 시장등은 출판사를 경영하는 자가 「부가가치세법」 제8조에 따라 관할 세무서장에게 폐업신고를 하거나 관할 세무서장이 사업자등록을 말소한 경우에는 신고사항을 직권으로 말소할 수 있다. 〈신설 2015. 5. 18., 2017. 3. 21.〉

④ 시장등은 출판사를 경영하는 자가 신고한 출판사 영업을 폐업하였는지를 확인하기 위하여 필요하면 관할 세무서장에게 필요한 자료의 제공을 요청할 수 있다. 이 경우 자료의 제공을 요청받은 관할 세무서장은 정당한 사유 없이 거부하여서는 아니 된다. 〈신설 2015. 5. 18., 2017. 3. 21.〉

[전문개정 2009. 3. 25.]

[제목개정 2018. 12. 24.]

제4장 삭제 〈2012. 1. 26.〉

제12조 삭제 〈2012. 1. 26.〉

제13조 삭제 〈2012. 1. 26.〉

제14조 삭제 〈2012. 1. 26.〉

제15조 삭제 〈2012. 1. 26.〉

제5장 한국출판문화산업진흥원 등 〈개정 2010. 3. 17., 2012. 1. 26.〉

제16조(한국출판문화산업진흥원의 설치 등) ① 출판문화산업의 진흥

·발전을 효율적으로 지원하기 위하여 한국출판문화산업진흥원(이하 "진흥원"이라 한다)을 둔다.

② 진흥원은 법인으로 한다.

③ 진흥원은 문화체육관광부장관의 인가를 받아 주된 사무소의 소재지에서 설립등기를 함으로써 성립한다.

④ 진흥원에 관하여 이 법 및 「공공기관의 운영에 관한 법률」에서 정한 것을 제외하고는 「민법」 중 재단법인에 관한 규정을 준용한다.

[전문개정 2012. 1. 26.]

제16조의2(진흥원의 정관) 진흥원의 정관에는 다음 각 호의 사항이 포함되어야 한다.

1. 목적
2. 명칭
3. 주된 사무소에 관한 사항
4. 임원 및 직원에 관한 사항
5. 이사회의 운영에 관한 사항
6. 제17조에 따른 간행물윤리위원회에 관한 사항
7. 직무에 관한 사항
8. 재산 및 회계에 관한 사항
9. 정관의 변경에 관한 사항
10. 내부규정의 제정 및 개정·폐지에 관한 사항

[본조신설 2012. 1. 26.]

제16조의3(진흥원의 임원) ① 진흥원에는 원장 1명을 포함한 9명 이내의 이사와 감사 1명을 두고, 원장을 제외한 이사 및 감사는 비

상임으로 하며, 원장은 이사회의 의장이 된다.

② 원장은 문화체육관광부장관이 임면(任免)한다.

③ 원장의 임기는 3년으로 한다.

④ 원장은 진흥원을 대표하고, 진흥원의 업무를 총괄한다.

⑤ 원장이 부득이한 사유로 직무를 수행할 수 없을 때에는 정관으로 정하는 순서에 따라 이사가 그 직무를 대행한다.

⑥ 「국가공무원법」 제33조 각 호의 어느 하나에 해당하는 사람은 제1항에 따른 진흥원의 임원이 될 수 없다.

[본조신설 2012. 1. 26.]

제16조의4(진흥원의 직무) 진흥원은 다음 각 호의 직무를 수행한다. 〈개정 2021. 8. 10.〉

1. 출판문화산업 진흥을 위한 정책 및 제도의 연구ㆍ조사ㆍ기획
2. 출판문화산업의 실태조사 및 통계 작성
3. 출판문화산업 관련 교육 및 전문 인력 양성 지원
4. 출판문화산업 발전을 위한 제작 활성화, 유통 선진화 및 지역서점 활성화 지원
5. 양서 권장 및 독서 진흥 등 출판수요 진작을 위한 사업
6. 전자출판의 육성ㆍ지원
7. 출판문화산업 활성화를 위한 지원시설의 설치 등 기반 조성
8. 출판문화산업의 국외진출 지원
9. 간행물의 유해성 여부 심의(제18조에 따른 위원회 기능을 말한다)
10. 그 밖에 진흥원의 목적 수행을 위하여 필요한 사업

[본조신설 2012. 1. 26.]

제17조(간행물윤리위원회의 설치 등) ① 간행물의 윤리적·사회적 책임을 구현하고 간행물의 유해성 여부를 심의하기 위하여 진흥원에 간행물윤리위원회(이하 "위원회"라 한다)를 둔다. 〈신설 2012. 1. 26.〉

② 위원회는 위원장 1명과 부위원장 1명을 포함한 10명 이상 20명 이하의 위원으로 구성한다. 〈개정 2012. 1. 26.〉

③ 위원회의 위원장 및 부위원장은 위원 중에서 호선(互選)한다. 〈개정 2012. 1. 26.〉

④ 위원회의 위원은 예술, 언론, 교육, 문화, 법률, 청소년, 출판 및 인쇄 등에 관하여 학식과 경험이 풍부한 사람 중에서 문화체육관광부장관이 대통령령으로 정하는 바에 따라 관련 법인 또는 단체의 추천을 받아 위촉한다. 〈개정 2012. 1. 26.〉

⑤ 위원회 위원의 임기는 3년으로 하되, 연임할 수 있다. 〈개정 2012. 1. 26.〉

⑥ 그 밖에 위원회의 구성과 운영에 필요한 사항은 대통령령으로 정한다. 〈신설 2012. 1. 26.〉

[전문개정 2009. 3. 25.]

[제목개정 2012. 1. 26.]

제18조(위원회의 기능) 위원회는 다음 각 호의 기능을 수행한다. 〈개정 2011. 9. 15., 2012. 1. 26.〉

1. 소설, 만화, 사진집 및 화보집과 그 밖에 대통령령으로 정하는 간행물의 유해성 심의

2. 제19조의3에 따른 간행물의 심의

3. 「청소년 보호법」 제2조제2호사목·아목 및 자목에 따른 정기간행물의 유해성 심의

4. 삭제 〈2012. 1. 26.〉

5. 다른 법령에서 규정한 사항

[전문개정 2009. 3. 25.]

제19조(간행물의 유해성 심의) ① 위원회는 간행물의 유해성을 심의한 결과 간행물이 다음 각 호의 어느 하나에 해당하면 유해간행물로 결정하여야 한다.

1. 자유민주주의 체제를 전면 부정하거나 체제 전복 활동을 고무(鼓舞)하거나 선동하여 국가의 안전이나 공공질서를 뚜렷이 해치는 것

2. 음란한 내용을 노골적으로 묘사하여 사회의 건전한 성도덕을 뚜렷이 해치는 것

3. 살인, 폭력, 전쟁, 마약 등 반사회적 또는 반인륜적 행위를 과도하게 묘사하거나 조장하여 인간의 존엄성과 건전한 사회질서를 뚜렷이 해치는 것

② 위원회는 제1항에 따른 심의 결과 간행물이 「청소년 보호법」 제9조제1항 각 호의 어느 하나에 해당하면 청소년유해간행물로 결정하고, 그 사실을 지체 없이 여성가족부에 통보하여야 한다. 〈개정 2010. 1. 18., 2011. 9. 15.〉

③ 위원회 위원장은 위원회의 심의 결과 간행물을 유해간행물로 결정하면 지체 없이 그 결정 사실을 그 간행물의 발행인·수입자 또는 세관장에게 알리고, 문화체육관광부장관에게 보고하여야 한다.

다만, 주소불명 등으로 수입자에게 통보가 불가능한 경우에는 해당 간행물의 유해간행물 결정사실을 위원회 홈페이지에 게시하여야 한다. 〈개정 2012. 1. 26.〉

④ 간행물의 유해성 심의기준에 따른 세부 심의기준에 관하여 필요한 사항은 대통령령으로 정한다.

[전문개정 2009. 3. 25.]

제19조의2(고시 및 통보 등) ① 문화체육관광부장관은 제19조제3항에 따라 위원회 위원장이 보고한 결정 사실에 따라 지체 없이 해당 간행물을 유해간행물로 고시하여야 한다.

② 문화체육관광부장관은 제1항에 따라 유해간행물을 고시할 때에는 그 사유와 효력 발생시기를 구체적으로 밝혀야 한다.

③ 문화체육관광부장관은 제1항에 따라 유해간행물을 고시하였을 때에는 그 고시 사항을 시·도지사 및 시장·군수·구청장에게 통보하여야 한다.

④ 문화체육관광부장관은 필요하면 간행물의 유통을 업으로 하는 개인·법인·단체에도 제1항의 고시 사항을 알릴 수 있다.

⑤ 제1항에 따른 고시에 필요한 사항은 문화체육관광부령으로 정한다.

[전문개정 2009. 3. 25.]

제19조의3(의견문의) ① 제1호에 해당하는 간행물의 발행인 및 제1호·제2호에 해당하는 외국간행물을 수입하는 자는 그 간행물이 유해간행물 또는 「청소년 보호법」에 따른 청소년유해간행물에 해당되는지를 알 수 없으면 이를 미리 확인하기 위하여 위원회에 문의할

수 있다. 〈개정 2023. 8. 8.〉

1. 소설, 만화, 사진집, 화보집 및 잡지와 그 밖에 대통령령으로 정하는 간행물

2. 북한이나 반국가단체가 출판한 간행물(「남북교류협력에 관한 법률」에 따라 북한으로부터 들여오는 간행물은 제외한다)

② 세관장은 수입되는 외국간행물 중 제1항제1호 또는 제2호에 해당하는 간행물이 유해간행물에 해당되는지에 관하여 의문이 있으면 그 외국간행물을 통관시키기 전에 위원회에 문의할 수 있다.

③ 위원회 위원장이 제1항 또는 제2항에 따른 문의를 받은 때에는 문의를 한 자에게 그 의견을 통보하여야 한다. 다만, 문의 간행물이 다음 각 호의 어느 하나에 해당하면 위원회의 심의를 거쳐 결과를 통보하여야 한다.

1. 「청소년 보호법」에 따른 청소년유해간행물에 해당할 우려가 있는 간행물

2. 유해간행물에 해당할 우려가 있는 간행물

④ 제1항부터 제3항까지의 문의 및 심의 절차 등에 관하여 필요한 사항은 문화체육관광부령으로 정한다.

[본조신설 2012. 1. 26.]

제20조(소위원회) ① 위원회의 심의를 효율적이고 전문적으로 수행하기 위하여 필요한 경우에는 분야별로 소위원회를 둘 수 있다.

② 제1항에 따른 분야별 소위원회의 구성 및 운영에 필요한 사항은 대통령령으로 정한다.

[전문개정 2012. 1. 26.]

제20조의2 삭제 〈2016. 2. 3.〉

제21조(경비 보조) 정부는 예산의 범위에서 진흥원의 운영 또는 사업에 필요한 경비를 보조할 수 있다. 〈개정 2012. 1. 26., 2016. 2. 3.〉

[전문개정 2010. 3. 17.]

제21조의2(감독) 문화체육관광부장관은 출판문화산업 진흥을 위하여 필요하면 진흥원의 업무·회계 및 재산에 관한 사항을 보고하게 하거나 소속 공무원에게 검사하게 할 수 있다. 〈개정 2012. 1. 26., 2016. 2. 3.〉

[본조신설 2010. 3. 17.]

제6장 간행물의 유통 등

제22조(간행물 정가 표시 및 판매) ① 출판사가 판매를 목적으로 간행물을 발행할 때에는 소비자에게 판매하는 가격(이하 "정가"라 한다)을 정하여 대통령령으로 정하는 바에 따라 해당 간행물에 표시하여야 한다. 〈개정 2012. 1. 26., 2014. 5. 20.〉

② 발행일부터 12개월이 지난 간행물은 대통령령으로 정하는 바에 따라 정가(定價)를 변경할 수 있다. 이 경우 정가표시는 제1항을 준용한다. 〈신설 2014. 5. 20., 2021. 8. 10.〉

③ 제1항 및 제2항에도 불구하고 전자출판물의 경우에는 출판사가 정가를 서지정보에 명확하게 적고 전자출판물을 판매하는 자는 출판사가 서지정보에 명확하게 적은 정가를 구매자가 식별할 수 있도록 판매사이트에 표시하여야 한다. 〈신설 2012. 1. 26., 2014.

5. 20., 2023. 8. 8.〉

④ 간행물을 판매하는 자는 이를 정가대로 판매하여야 한다. 〈개정 2014. 5. 20.〉

⑤ 제4항에도 불구하고 간행물을 판매하는 자는 독서 진흥과 소비자 보호를 위하여 정가의 15퍼센트 이내에서 가격할인과 경제상의 이익을 자유롭게 조합하여 판매할 수 있다. 이 경우 가격할인은 10퍼센트 이내로 하여야 한다. 〈신설 2014. 5. 20.〉

⑥ 제5항에도 불구하고 국가, 지방자치단체, 「공공기관의 운영에 관한 법률」에 따른 공공기관 및 「도서관법」 제4조제2항제1호에 따른 공공도서관에 간행물을 판매하는 자는 정가의 10퍼센트 이내의 가격할인만 제공할 수 있다. 〈신설 2021. 8. 10., 2021. 12. 7.〉

⑦ 다음 각 호의 어느 하나에 해당하는 간행물에 대하여는 제4항 및 제5항을 적용하지 아니한다. 〈개정 2012. 1. 26., 2014. 5. 20., 2021. 8. 10.〉

1. 삭제 〈2014. 5. 20.〉
2. 사회복지시설에 판매하는 간행물
3. 저작권자에게 판매하는 간행물
4. 삭제 〈2014. 5. 20.〉
5. 그 밖에 대통령령으로 정하는 간행물

⑧ 제5항에서 “경제상의 이익”이란 간행물의 거래에 부수하여 소비자에게 제공되는 다음 각 호의 어느 하나에 해당하는 것을 말한다. 〈신설 2014. 5. 20., 2021. 8. 10., 2023. 8. 8.〉

1. 물품

2. 마일리지(판매가의 일정 비율에 해당하는 점수 등을 말한다)

3. 할인권

4. 상품권

5. 제1호부터 제4호까지에서 규정한 것 외에 소비자가 일반적으로 대가를 지급하지 아니하고는 취득할 수 없는 것이라고 인정되는 것

[전문개정 2009. 3. 25.]

제23조(간행물의 유통질서) ① 간행물의 유통질서를 유지하기 위하여 간행물의 저자, 출판 및 유통에 관련된 자로서 다음 각 호에 해당하는 자는 다음 각 호의 행위를 하여서는 아니 된다. 〈개정 2014. 1. 28.〉

1. 간행물의 저자 또는 출판사의 대표자나 대리인, 사용인, 그 밖의 종업원이 간행물의 판매량을 올릴 목적으로 그 간행물을 부당하게 구입하거나 그 간행물의 저자 또는 그 출판사와 관련된 자에게 그 간행물을 부당하게 구입하게 하는 행위

2. 서점 등 소매상이 간행물의 저자 또는 출판사의 대표자 등이 제1호의 행위를 하는 사실을 알면서도 그 간행물의 판매량을 공개적으로 발표하는 행위

3. 그 밖에 간행물의 유통질서를 유지하기 위하여 문화체육관광부령으로 정하는 사항을 위반하는 행위

② 문화체육관광부장관 또는 시·도지사는 출판된 간행물의 건전한 유통질서를 확립하기 위하여 필요하다고 인정하면 출판사, 인쇄사, 출판된 간행물의 유통에 관련된 사업자, 그 밖에 대통령령으로 정하는 자에 대하여 다음 각 호의 조치를 할 수 있다. 〈개정 2014.

1. 28., 2019. 12. 3.〉

1. 업무에 관한 보고명령

2. 간행물의 발행·인쇄 내역, 납품·출고 내역, 거래·판매 내역 등 출판 및 유통 관련 자료와 그 밖에 간행물 유통질서 유지를 위하여 필요한 자료의 제출명령

3. 간행물의 도서판매집계 제외명령

4. 소속 공무원의 현장출입 또는 서류검사

5. 그 밖에 간행물의 건전한 유통질서를 확립하기 위하여 필요한 조치로서 대통령령으로 정하는 조치

③ 문화체육관광부장관은 제2항에 따른 업무를 대통령령으로 정하는 법인 또는 단체에 위탁할 수 있다. 이 경우 위탁받은 업무를 수행하는 사람은 공무원으로 본다. 〈신설 2014. 1. 28.〉

④ 제2항제4호에 따라 현장출입 또는 서류검사를 하는 사람은 그 권한을 표시하는 증표를 지니고 이를 관계인에게 내보여야 한다. 〈신설 2014. 1. 28.〉

[전문개정 2009. 3. 25.]

제24조 삭제 〈2009. 3. 25.〉

제25조(불법복제간행물등의 수거·폐기 등) ① 문화체육관광부장관, 시·도지사, 시장·군수·구청장은 소속 관계 공무원(이하 "관계공무원"이라 한다)이 다음 각 호의 어느 하나에 해당하는 간행물(이하 "불법복제간행물등"이라 한다)을 발견하였을 때에는 그 불법복제간행물등을 배포한 자에 대하여 그 불법복제간행물등을 즉시 수거하거나 폐기할 것을 명하게 할 수 있다. 이 경우 수거 또는 폐기 명령을

받은 자가 즉시 그 명령을 이행하지 아니하면 관계공무원이 직접 불법복제간행물등을 수거하거나 폐기하게 할 수 있다.

1. 「저작권법」에 따른 저작권자 또는 출판권자의 동의나 그 밖에 정당한 권리 없이 불법복제한 간행물

2. 유해간행물

② 관계공무원은 제1항에 따른 업무를 하기 위하여 필요하면 불법복제간행물등을 배포하는 자의 영업장소에 출입하거나 검사·질문을 할 수 있다.

③ 제1항 각 호 외의 부분 후단에 따라 관계공무원이 직접 불법복제간행물등을 수거 또는 폐기한 때에는 즉시 그 사실의 확인서를 불법복제간행물등의 배포자에게 내주어야 한다.

④ 제1항에 따라 불법복제간행물등에 대한 수거 또는 폐기 명령이나 수거 또는 폐기 조치를 하는 관계공무원은 그 권한을 표시하는 증표를 지니고 이를 관계인에게 보여주어야 한다.

⑤ 문화체육관광부장관, 시·도지사, 시장·군수·구청장은 제1항 각 호 외의 부분 후단에 따라 관계공무원이 직접 수거·폐기를 할 때 필요하면 대통령령으로 정하는 법인 또는 단체에 협조를 요청할 수 있다.

[전문개정 2009. 3. 25.]

제25조의2(포상금) ① 문화체육관광부장관은 제23조제1항제1호의 행위를 한 자를 관계 행정기관 또는 수사기관에 신고하거나 고발한 자에 대하여 예산의 범위에서 포상금을 지급할 수 있다.

② 제1항에 따른 포상금 지급의 기준·방법 및 절차 등에 필요한

사항은 대통령령으로 정한다.

[본조신설 2014. 1. 28.]

제26조(권한의 위임 · 위탁) 이 법에 따른 문화체육관광부장관의 권한은 그 일부를 대통령령으로 정하는 바에 따라 시 · 도지사에게 위임하거나 진흥원 또는 관련 법인이나 단체에 위탁할 수 있다. 〈개정 2012. 1. 26.〉

[전문개정 2009. 3. 25.]

제27조(벌칙 적용 시의 공무원 의제) 다음 각 호의 사람은 「형법」 제129조부터 제132조까지 및 「특정범죄가중처벌 등에 관한 법률」 제2조를 적용할 때에는 공무원으로 본다. 〈개정 2012. 1. 26.〉

1. 위원회 위원 및 심의 업무에 종사하는 직원

2. 제20조에 따른 소위원회 위원

3. 제26조에 따라 위탁한 업무에 종사하는 법인 또는 단체의 임직원

[전문개정 2009. 3. 25.]

제27조의2(규제의 재검토) 문화체육관광부장관은 제22조에 따른 간행물의 정가표시 및 판매(할인율을 포함한다) 제도에 관하여는 3년마다 그 타당성을 검토하여 폐지, 강화 · 완화 또는 유지 등의 조치를 하여야 한다. 〈개정 2021. 8. 10.〉

[본조신설 2014. 5. 20.]

[종전 제27조의2는 제27조의3으로 이동 〈2014. 5. 20.〉]

제7장 벌칙 〈개정 2009. 3. 25.〉

제27조의3(벌칙) 제23조제1항제1호의 금지행위를 한 자는 2년 이하의 징역 또는 2천만원 이하의 벌금에 처한다.

[본조신설 2014. 1. 28.]

[제27조의2에서 이동, 종전 제27조의3은 제27조의4로 이동 〈2014. 5. 20.〉]

제27조의4(양벌규정) 법인의 대표자나 법인 또는 개인의 대리인, 사용인, 그 밖의 종업원이 그 법인 또는 개인의 업무에 관하여 제27조의3의 위반행위를 하면 그 행위자를 벌하는 외에 그 법인 또는 개인에게도 해당 조문의 벌금형을 과(科)한다. 다만, 법인 또는 개인이 그 위반행위를 방지하기 위하여 해당 업무에 관하여 상당한 주의와 감독을 게을리하지 아니한 경우에는 그러하지 아니하다. 〈개정 2014. 5. 20.〉

[본조신설 2014. 1. 28.]

[제27조의3에서 이동 〈2014. 5. 20.〉]

제28조(과태료) ① 다음 각 호의 어느 하나에 해당하는 자에게는 500만원 이하의 과태료를 부과한다. 〈개정 2021. 8. 10., 2023. 8. 8.〉

1. 제22조제1항 또는 제2항을 위반하여 정가를 간행물에 표시하지 아니한 자 또는 같은 조 제3항을 위반하여 정가를 서지정보에 명확하게 적지 아니하거나 판매사이트에 표시하지 아니한 자

2. 제22조제4항 · 제5항 또는 제6항을 위반하여 간행물을 판매한 자

② 다음 각 호의 어느 하나에 해당하는 자에게는 300만원 이하의

과태료를 부과한다. 〈신설 2021. 8. 10.〉

1. 제9조제1항을 위반하여 신고를 하지 아니하고 출판사의 영업행위를 한 자

2. 제23조제1항제2호 또는 제3호를 위반하여 금지행위를 한 자 또는 같은 조 제2항에 따른 유통과 관련한 명령을 이행하지 아니한 자

3. 제25조제1항 전단에 따른 불법복제간행물등의 수거 또는 폐기 명령을 이행하지 아니한 자

③ 제1항 및 제2항에 따른 과태료는 대통령령으로 정하는 바에 따라 문화체육관광부장관이 부과 · 징수한다. 다만, 제1항제1호 · 제2호 및 제2항제1호에 따른 과태료는 관할 시장등이 부과 · 징수하고, 제2항제3호에 따른 과태료는 문화체육관광부장관, 시 · 도지사 또는 시장 · 군수 · 구청장이 부과 · 징수한다. 〈개정 2012. 1. 26., 2014. 1. 28., 2017. 3. 21., 2021. 8. 10.〉

[전문개정 2009. 3. 25.]

부칙 〈제6721호, 2002. 8. 26.〉

제1조 (시행일) 이 법은 공포후 6월이 경과한 날부터 시행한다.

제2조 삭제 〈2007. 7. 19.〉

제3조 (다른 법률의 폐지 등) ①출판사및인쇄소의등록에관한법률은 이를 폐지한다.

②외국간행물수입배포에관한법률은 이를 폐지한다.

③청소년보호법중 다음과 같이 개정한다.

제45조 를 삭제한다.

제4조 (출판사 및 인쇄사의 신고에 관한 경과조치) 이 법 시행 당시 종전의 규정에 의하여 등록한 출판사 또는 인쇄소는 이 법에 의한 출판사 또는 인쇄사로 신고한 것으로 본다.

제5조 (간행물의 수입추천행위 등에 관한 경과조치) ①이 법 시행 당시 종전의 규정에 의한 문화관광부장관의 수입추천행위 또는 문화관광부장관에 대한 수입추천신청 등의 행위는 이 법에 의한 문화관광부장관의 행위 또는 문화관광부장관에 대한 행위로 본다.

②이 법 시행 당시 종전의 규정에 의하여 문화관광부장관에게 외국간행물의 수입추천 신청을 한 경우에는 종전의 규정에 의한다.

제6조 (한국간행물윤리위원회의 설치 등에 관한 경과조치) ①이 법 시행 당시 청소년보호법 제45조의 규정에 의하여 설치한 한국간행물윤리위원회(이하 이 조에서 "종전위원회"라 한다)는 이를 제16조의 규정에 의한 한국간행물윤리위원회(이하 이 조에서 "신설위원회"라 한다)로 본다.

②이 법 시행 당시 재임중인 종전위원회의 위원 및 임원은 이 법에 의한 신설위원회의 위원 및 임원으로 위촉 또는 임명된 것으로 보고, 위원 및 임원의 임기는 종전의 임기 개시일부터 기산하며, 종전위원회의 위원장 및 부위원장은 이 법에 의하여 신설위원회의 위원장 및 부위원장으로 호선된 것으로 본다.

③이 법 시행전에 종전의 청소년보호법 제45조의 규정에 의하여 종전위원회가 행한 심의행위 또는 종전위원회에 대한 심의신청 등의 행위는 이를 이 법에 의한 신설위원회의 행위 또는 신설위원회에 대한 행위로 본다.

제7조 (벌칙에 관한 경과조치) 이 법 시행전의 행위에 대한 벌칙의 적용에 있어서는 종전의 규정에 의한다.
제8조 (다른 법률과의 관계) 이 법 시행 당시 다른 법률에서 종전의 출판사및인쇄소의등록에관한법률 또는 외국간행물수입배포에관한법률이나 그 규정을 인용하고 있는 경우 이 법 또는 이 법중 그에 해당하는 규정이 있는 때에는 종전의 법 또는 그 규정에 갈음하여 이 법 또는 이 법중 그에 해당하는 규정을 인용한 것으로 본다.

부칙 〈제7366호, 2005. 1. 27.〉

①(시행일) 이 법은 공포후 6월이 경과한 날부터 시행한다.

②(적용례) 제19조의2의 개정규정은 이 법 시행후 최초로 결정하는 유해간행물부터 적용한다.

부칙 〈제7421호, 2005. 3. 24.〉 (청소년기본법)

제1조 (시행일) 이 법은 공포 후 3월 이내에 청소년위원회의 조직에 관한 대통령령이 시행되는 날부터 시행한다.
제2조 생략
제3조 (다른 법률의 개정) ①내지 ⑧생략

⑨출판및인쇄진흥법 일부를 다음과 같이 개정한다.

제19조제2항중 "청소년보호위원회"를 "청소년위원회"로 한다.

제4조 생략

부칙 〈제7799호, 2005. 12. 29.〉 (청소년기본법)

제1조 (시행일) 이 법은 공포 후 3월이 경과한 날부터 시행한다.

제2조 생략

제3조 (다른 법률의 개정) ①내지 ⑦생략

⑧출판및인쇄진흥법 일부를 다음과 같이 개정한다.

제19조제2항 중 "청소년위원회"를 "국가청소년위원회"로 한다.

⑨내지 ⑪생략

제4조 생략

부칙 〈제7941호, 2006. 4. 28.〉 (게임산업진흥에 관한 법률)

제1조 (시행일) 이 법은 공포 후 6개월이 경과한 날부터 시행한다.

제2조 내지 제9조 생략

제10조 (다른 법률의 개정) ①출판및인쇄진흥법 일부를 다음과 같이 개정한다.

제3조제1호를 다음과 같이 신설한다.

1. 「음악산업진흥에 관한 법률」 제2조제4호의 규정에 의한 음반, 「영화 및 비디오물의 진흥에 관한 법률」 제2조제12호에 의한 비디오물 및 「게임산업진흥에 관한 법률」 제2조제1호의 규정에 의한 게임물

②내지 ④생략

제11조 생략

부칙 〈제8533호, 2007. 7. 19.〉

제1조 (시행일) 이 법은 공포 후 6개월이 경과한 날부터 시행한다.

다만, 제22조제2항·제3항, 제28조제1항제5호 및 법률 제6721호 출판및인쇄진흥법 부칙 제2조의 개정규정은 공포 후 3개월이 경과한 날부터 시행한다.

제2조 (출판사 신고에 관한 경과조치) 이 법 시행 당시 종전의 「출판 및 인쇄진흥법」에 따라 신고한 출판사는 이 법에 따른 출판사로 신고한 것으로 본다.

제3조 (한국간행물윤리위원회 및 출판유통심의위원회에 대한 경과조치) ① 이 법 시행 당시 종전의 「출판 및 인쇄진흥법」 제16조 및 제24조에 따라 설치된 한국간행물윤리위원회 및 출판유통심의위원회는 각각 이 법에 따라 설립된 것으로 본다.

② 이 법 시행 당시 재임 중인 한국간행물윤리위원회 및 출판유통심의위원회의 위원은 이 법에 따라 위촉된 것으로 보되, 그 임기는 종전의 「출판 및 인쇄진흥법」에 따라 위촉된 날부터 기산한다.

제4조 (출판·인쇄문화산업진흥계획에 관한 경과조치) 이 법 시행 당시 종전의 「출판 및 인쇄진흥법」 제4조에 따라 수립된 출판·인쇄문화산업진흥계획 중 출판과 관련된 부분은 이 법에 따라 수립된 출판문화산업진흥계획으로 본다.

제5조 (다른 법률의 개정) 외국인투자촉진법 일부를 다음과 같이 개정한다.

별표 1 제11호가목 중 "출판및인쇄진흥법 제9조제1항"을 "「출판문화산업 진흥법」 제9조제1항과 「인쇄문화산업 진흥법」 제12조제1항"으로 한다.

제6조 (다른 법률과의 관계) 이 법 시행 당시 다른 법령에서 종전의

「출판 및 인쇄진흥법」이나 그 규정을 인용하고 있는 경우에 이 법 중 그에 해당하는 규정이 있는 때에는 종전의 규정에 갈음하여 이 법 또는 이 법의 해당 조항을 인용한 것으로 본다.

부칙 〈제8852호, 2008. 2. 29.〉 (정부조직법)

제1조(시행일) 이 법은 공포한 날부터 시행한다. 다만, ···〈생략〉···, 부칙 제6조에 따라 개정되는 법률 중 이 법의 시행 전에 공포되었으나 시행일이 도래하지 아니한 법률을 개정한 부분은 각각 해당 법률의 시행일부터 시행한다.

제2조 부터 제5조까지 생략

제6조 (다른 법률의 개정) ① 부터 〈272〉 까지 생략

〈273〉 출판문화산업 진흥법 일부를 다음과 같이 개정한다.

제4조제1항·제3항·제4항, 제5조제1항, 제6조제1항, 제7조제1항, 제9조제3항, 제10조제1항 본문·제2항 본문·제3항, 제11조제2항, 제12조제1항 각 호 외의 부분·제2항·제3항 각 호 외의 부분, 제13조제1항 본문·제2항, 제14조제1항, 제15조제2항·제3항, 제17조제3항, 제19조제3항, 제19조의2제1항·제2항·제3항 본문·제4항, 제23조제2항, 제24조제1항, 제25조제1항 각 호 외의 부분 전단·제5항, 제26조 및 제28조제3항 본문·같은 항 단서·제5항·제6항 중 "문화관광부장관"을 각각 "문화체육관광부장관"으로 한다.

제19조제2항 중 "국가청소년위원회"를 "보건복지가족부"로 한다.

제19조의2제3항 중 "청소년보호위원회"를 "보건복지가족부"로 한다.

제19조의2제5항, 제23조제1항제3호 및 제24조제4항 중 "문화관

광부령"을 각각 "문화체육관광부령"으로 한다.

제24조제2항 중 "문화관광부"를 "문화체육관광부"로 한다.

〈274〉 부터 〈760〉 까지 생략

제7조 생략

부칙 〈제9530호, 2009. 3. 25.〉

①(시행일) 이 법은 공포 후 6개월이 경과한 날부터 시행한다.

②(경과조치) 이 법 시행 전의 행위에 대하여 과태료 규정을 적용할 때에는 종전의 규정에 따른다.

부칙 〈제9932호, 2010. 1. 18.〉 (정부조직법)

제1조(시행일) 이 법은 공포 후 2개월이 경과한 날부터 시행한다. 〈단서 생략〉

제2조 및 제3조 생략

제4조(다른 법률의 개정) ① 부터 〈121〉 까지 생략

〈122〉 출판문화산업 진흥법 일부를 다음과 같이 개정한다.

제19조제2항 중 "보건복지가족부"를 "여성가족부"로 한다.

〈123〉 부터 〈137〉 까지 생략

제5조 생략

부칙 〈제10108호, 2010. 3. 17.〉

제1조(시행일) 이 법은 공포 후 3개월이 경과한 날부터 시행한다.

제2조(한국문학번역원에 관한 경과조치) 이 법 시행 당시 종전의

「문화예술진흥법」 제38조에 따라 설립된 한국문학번역원은 제20조의2의 개정규정에 따라 설립된 한국문학번역원으로 본다.

제3조(다른 법률의 개정) 문화예술진흥법 일부를 다음과 같이 개정한다.

제38조를 삭제한다.

제40조 중 "예술의 전당 및 한국문학번역원"을 "예술의 전당"으로 한다.

부칙 <제11048호, 2011. 9. 15.> (청소년 보호법)

제1조(시행일) 이 법은 공포 후 1년이 경과한 날부터 시행한다. <단서 생략>

제2조 및 제3조 생략

제4조(다른 법률의 개정) ①부터 ⑭까지 생략

⑮ 출판문화산업 진흥법 일부를 다음과 같이 개정한다.

제12조제3항제1호 중 "「청소년보호법」"을 "「청소년 보호법」"으로 한다.

제18조제3호 중 "「청소년보호법」 제7조제6호"를 "「청소년 보호법」 제2조제2호사목·아목 및 자목"으로 한다.

제19조제2항 중 "「청소년보호법」 제10조제1항"을 "「청소년 보호법」 제9조제1항"으로 한다.

⑯ 및 ⑰ 생략

제5조 생략

부칙 〈제11229호, 2012. 1. 26.〉

제1조(시행일) 이 법은 공포 후 6개월이 경과한 날부터 시행한다. 다만, 제4조제4항 및 제28조제3항의 개정규정 중 특별자치시장 관련 부분은 2012년 7월 1일부터 시행하고, 부칙 제2조는 공포한 날부터 시행한다.

제2조(진흥원의 설립절차 등) ① 문화체육관광부장관은 진흥원의 설립에 관한 사무를 처리하기 위하여 진흥원설립추진단(이하 "설립추진단"이라 한다)을 설치한다.

② 설립추진단은 문화체육관광부장관이 위촉하는 5명 이내의 설립위원으로 구성하여 운영한다.

③ 설립추진단은 진흥원의 정관을 작성하여 문화체육관광부장관의 인가를 받아 지체 없이 설립위원의 연명(連名)으로 진흥원의 설립등기를 한 후 진흥원의 원장에게 사무를 인계하여야 한다.

④ 설립추진단 및 설립위원은 제3항에 따른 사무인계가 끝난 때에는 해산되거나 해촉된 것으로 본다.

⑤ 이 법 시행 전까지 진흥원이 설립되지 아니한 경우에는 이 법 시행일부터 진흥원이 설립될 때까지는 설립추진단이 진흥원의 업무를 대행한다.

제3조(적용례) 제12조부터 제15조까지 및 제22조의 개정규정은 이 법 시행 후 최초로 발행·수입 또는 통관하는 간행물부터 적용한다.

제4조(진흥원의 설립에 따른 경과조치) ① 종전의 제16조에 따른 한국간행물 윤리위원회(이하 "한국간행물 윤리위원회"라 한다)는 부칙 제2조제3항에 따라 진흥원의 설립등기를 마친 때에는 폐지된 것으

로 본다.

② 한국간행물 윤리위원회의 권리·의무 및 재산은 진흥원의 설립과 동시에 진흥원이 포괄 승계한다.

③ 진흥원의 설립 이전에 한국간행물 윤리위원회가 행한 행위 또는 한국간행물 윤리위원회에 대하여 행하여진 행위는 간행물윤리위원회가 행한 행위 또는 간행물윤리위원회에 대하여 행하여진 행위로 본다.

④ 진흥원의 설립 이후부터 이 법 시행 이전까지 진흥원은 그 재산 및 권리·의무와 관련되는 행위를 할 수 있다.

제5조(과태료에 관한 경과조치) 이 법 시행 전의 행위에 대하여 과태료 규정을 적용할 때에는 종전의 규정에 따른다.

제6조(다른 법률의 개정) 청소년보호법 일부를 다음과 같이 개정한다.

제48조제2항 중 "한국간행물윤리위원회"를 "간행물윤리위원회"로 한다.

부칙 〈제12355호, 2014. 1. 28.〉

제1조(시행일) 이 법은 공포 후 6개월이 경과한 날부터 시행한다.

제2조(포상금 지급에 관한 적용례) 제25조의2의 개정규정은 이 법 시행 후 최초로 위반행위를 신고한 자부터 적용한다.

제3조(과태료에 관한 경과조치) 이 법 시행 전의 행위에 대하여 과태료 규정을 적용할 때에는 종전의 규정에 따른다.

부칙 〈제12603호, 2014. 5. 20.〉

제1조(시행일) 이 법은 공포 후 6개월이 경과한 날부터 시행한다.

제2조(적용례) 제27조의2의 개정규정은 이 법 시행일을 기준으로 적용한다.

부칙 〈제13308호, 2015. 5. 18.〉

제1조(시행일) 이 법은 공포 후 6개월이 경과한 날부터 시행한다.

제2조(신고사항 직권 말소에 관한 적용례) 제11조의 개정규정은 이 법 시행 후 최초로 「부가가치세법」 제8조에 따라 관할 세무서장에게 폐업신고를 하거나 관할 세무서장이 사업자등록을 말소한 경우부터 적용한다.

부칙 〈제13961호, 2016. 2. 3.〉 (문학진흥법)

제1조(시행일) 이 법은 공포 후 6개월이 경과한 날부터 시행한다.

제2조 생략

제3조(다른 법률의 개정) 출판문화산업 진흥법 일부를 다음과 같이 개정한다.

제20조의2를 삭제한다.

제21조 및 제21조의2 중 "진흥원 및 한국문학번역원"을 각각 "진흥원"으로 한다.

부칙 〈제14636호, 2017. 3. 21.〉

제1조(시행일) 이 법은 공포 후 1개월이 경과한 날부터 시행한다.

제2조(출판업 신고 등에 관한 적용례) 제9조제2항 및 제3항의 개정 규정은 이 법 시행 이후 신고 또는 변경신고를 하는 경우부터 적용한다.

부칙 〈제16065호, 2018. 12. 24.〉

이 법은 공포 후 6개월이 경과한 날부터 시행한다.

부칙 〈제16693호, 2019. 12. 3.〉

이 법은 공포 후 3개월이 경과한 날부터 시행한다.

부칙 〈제18382호, 2021. 8. 10.〉

이 법은 공포 후 6개월이 경과한 날부터 시행한다.

부칙 〈제18547호, 2021. 12. 7.〉 (도서관법)

제1조(시행일) 이 법은 공포 후 1년이 경과한 날부터 시행한다.

제2조 부터 제8조까지 생략

제9조(다른 법률의 개정) ①부터 ⑪까지 생략

⑫ 출판문화산업 진흥법 일부를 다음과 같이 개정한다.

제7조제2항 중 “제21조”를 “제23조”로 한다.

⑬ 법률 제18382호 출판문화산업 진흥법 일부개정법률 일부를 다음과 같이 개정한다.

제7조의2제5항 중 “제2조”를 “제3조”로 한다.

제22조제6항 중 “제2조제4호”를 “제4조제2항제1호”로 한다.

⑭ 생략

제10조 생략

부칙 〈제19592호, 2023. 8. 8.〉 (법률용어 정비를 위한 문화체육관광위원회 소관 43개 법률 일부개정법률)

이 법은 공포한 날부터 시행한다.

부칙 〈제19599호, 2023. 8. 8.〉

이 법은 공포 후 6개월이 경과한 날부터 시행한다.

부칙 〈제20919호, 2025. 4. 8.〉

제1조(시행일) 이 법은 공포한 날부터 시행한다.

제2조(출판사의 폐업신고에 관한 적용례) 제11조제1항의 개정규정은 제9조에 따라 신고를 한 자가 이 법 시행 이후 해당 영업을 폐업하는 경우부터 적용한다.

출판문화산업 진흥법 시행령
(약칭 : 출판법)

[시행 2022. 12. 8.] [대통령령 제33023호, 2022. 12. 6., 타법개정]

제1조(목적)
제2조삭 제
제3조(간행물의 기록 사항)
제4조(국제교류의 지원 등)
제5조(국제표준자료번호의 표시)
제6조(시설 · 유통의 현대화 지원 등)
제7조(실태조사의 방법 등)
제8조삭 제
제9조삭 제
제10조(간행물윤리위원회의 위원장 등)
제11조(위원회 위원의 추천)
제11조의2(위원회의 사무국)
제12조(심의 대상 간행물의 범위)
제13조(유해성 심의의 세부 기준)
제13조의2(의견문의 대상 간행물의 범위)
제14조(분야별 소위원회의 구성 및 운영 등)
제14조의2삭 제
제14조의3(사업계획 등의 승인 및 사업실적 등의 제출)
제15조(간행물의 정가 표시 등)
제15조의2(간행물의 유통질서 확립을 위한 조치)
제16조(불법복제간행물 등의 수거 · 폐기를 위한 협조 요청)
제16조의2(포상금의 지급 등)
제17조(권한의 위임 · 위탁)
제17조의2(고유식별정보의 처리)
제17조의3(규제의 재검토)
제18조(과태료의 부과기준)

**개정 예정 법률 밑줄 별도 표시.

출판문화산업 진흥법 시행령
(약칭 : 출판법 시행령)

[시행 2022. 12. 8.] [대통령령 제33023호, 2022. 12. 6., 타법개정]

제1조(목적) 이 영은 「출판문화산업 진흥법」에서 위임된 사항과 그 시행에 필요한 사항을 규정함을 목적으로 한다.

[전문개정 2009. 10. 7.]

제2조 삭제 〈2007. 12. 28.〉

제3조(간행물의 기록 사항) 「출판문화산업 진흥법」(이하 "법"이라 한다) 제2조제3호에서 "대통령령으로 정하는 기록 사항"이란 다음 각 호의 사항을 말한다. 〈개정 2011. 3. 30., 2022. 12. 6.〉

1. 출판사

2. 「도서관법」 제23조에 따른 국제표준자료번호. 다만, 전자출판물의 경우에는 「콘텐츠산업 진흥법」 제23조에 따른 콘텐츠 식별체계로 갈음할 수 있다.

[전문개정 2009. 10. 7.]

제4조(국제교류의 지원 등) ① 법 제6조에 따른 국제교류 활성화의 지원 대상은 다음 각 호와 같다.

1. 국내외 출판과 관련된 국제전시회의 개최 및 참가

2. 출판과 관련된 국제회의 또는 행사

3. 간행물의 해외 마케팅

4. 국내 간행물의 번역 출판

5. 그 밖에 출판문화의 국제교류 증진

② 문화체육관광부장관은 제1항에 따른 지원 대상사업에 대하여 예산의 범위에서 사업비의 일부 또는 전부를 지원할 수 있다.

③ 문화체육관광부장관은 제1항에 따른 지원 대상을 선정하는 데에 필요하면 관계 전문가의 의견을 들을 수 있다.

[전문개정 2009. 10. 7.]

제5조(국제표준자료번호의 표시) 법 제7조제2항에 따른 국제표준자료번호의 표시방법 등에 관한 세부적인 사항은 「도서관법 시행령」 제20조제3항에 따른다. 〈개정 2022. 12. 6.〉

[전문개정 2009. 10. 7.]

제6조(시설 · 유통의 현대화 지원 등) ① 법 제7조제3항에 따른 출판사의 시설 및 유통 현대화를 위한 지원 대상사업은 다음 각 호와 같다.

1. 간행물 유통의 정보화와 관련된 사업

2. 간행물의 물류 관련 시설의 개선사업

3. 서점의 물류기능 개선과 관련된 사업

4. 그 밖에 출판 및 간행물의 유통과 관련된 기반을 조성하기 위한 사업

② 문화체육관광부장관은 제1항에 따른 지원 대상사업에 대하여 예산의 범위에서 사업비의 일부 또는 전부를 지원할 수 있다.

③ 문화체육관광부장관은 제1항에 따른 지원 대상사업을 선정하는 데에 필요하면 관계 전문가의 의견을 들을 수 있다.

[전문개정 2009. 10. 7.]

제7조(실태조사의 방법 등) ① 법 제7조의2제2항에 따른 실태조사(이하 "실태조사"라 한다)에는 다음 각 호의 사항이 포함되어야 한다.

1. 법 제7조의2제1항에 따른 지역서점(이하 "지역서점"이라 한다)의 현황에 관한 사항

2. 지역서점의 영업 실태에 관한 사항

3. 그 밖에 문화체육관광부장관이 지역서점 실태를 파악하기 위하여 조사가 필요하다고 인정하는 사항

② 문화체육관광부장관은 실태조사를 2년마다 실시해야 한다.

③ 문화체육관광부장관은 실태조사를 실시하기 위하여 필요한 경우에는 지방자치단체의 장과 서점 관련 단체에 자료 제공 등의 협조를 요청할 수 있다.

④ 문화체육관광부장관은 실태조사를 효율적으로 실시하기 위하여 정보통신망, 전자우편 등 전자적 방식을 사용할 수 있다.

[본조신설 2022. 2. 8.]

제8조 삭제 〈2012. 6. 19.〉

제9조 삭제 〈2012. 6. 19.〉

제10조(간행물윤리위원회의 위원장 등) ① 법 제17조에 따른 간행물윤리위원회(이하 "위원회"라 한다)의 위원장은 위원회를 대표하고 위원회의 업무를 총괄한다. 〈개정 2012. 6. 19.〉

② 위원장이 부득이한 사유로 직무를 수행할 수 없을 때에는 부

위원장이 그 직무를 대행하고, 위원장과 부위원장이 모두 직무를 수행할 수 없을 때에는 위원 중 연장자의 순으로 그 직무를 대행한다.

[전문개정 2009. 10. 7.]

[제목개정 2012. 6. 19.]

제11조(위원회 위원의 추천) 문화체육관광부장관이 법 제17조제4항에 따라 위원회의 위원을 위촉하는 경우에 위원회의 위원을 추천할 수 있는 법인 또는 단체는 다음 각 호와 같다. 〈개정 2012. 6. 19.〉

1. 「대한민국예술원법」에 따른 대한민국예술원

2. 「변호사법」에 따른 대한변호사협회와 그 밖의 법률 관련 기관·단체 및 협회

3. 언론 관련 기관·단체 및 협회

4. 외국학 또는 외국어 관련 기관·단체 및 협회

5. 정기간행물의 제작·비평과 관련된 단체 및 협회

6. 도서류(만화를 포함한다)의 창작·제작·유통 및 비평과 관련된 단체 및 협회

7. 교육 관련 단체 및 협회

8. 청소년 육성·보호사업을 수행하고 있는 청소년·여성·종교 및 소비자 관련 단체 및 협회

9. 간행물 심의와 관련된 학회 및 전문기관

10. 간행물 자율심의기구를 둔 단체 및 협회

11. 그 밖에 영상·광고 등 문화예술 관련 기관·단체 및 협회

[전문개정 2009. 10. 7.]

제11조의2(위원회의 사무국) ① 위원회의 사무를 처리하기 위하여 위원회에 사무국을 둔다.

② 사무국에 사무국장 1명을 두며, 사무국장은 법 제16조에 따른 한국출판문화산업진흥원(이하 "진흥원"이라 한다)의 원장이 진흥원의 직원 중에서 임명한다.

[본조신설 2012. 6. 19.]

제12조(심의 대상 간행물의 범위) 법 제18조제1호에서 "대통령령으로 정하는 간행물"이란 다음 각 호의 간행물을 말한다. 〈개정 2010. 3. 15., 2012. 6. 19.〉

1. 법 제2조제4호에 따른 전자출판물

1의2. 외국간행물 중 잡지 및 북한이나 반국가단체가 출판한 간행물(「남북교류협력에 관한 법률」 제13조에 따라 북한으로부터 들여오는 간행물은 제외한다)

2. 문화체육관광부장관 또는 여성가족부가 심의를 의뢰한 간행물

3. 위원회가 선정한 간행물

4. 청소년 보호와 관련된 기관·단체 또는 30명 이상이 서명하여 청소년 유해 여부의 확인을 요청한 간행물

[전문개정 2009. 10. 7.]

제13조(유해성 심의의 세부 기준) 법 제19조제4항에 따른 간행물의 유해성 심의에 관한 세부 심의기준은 별표 1과 같다.

[전문개정 2009. 10. 7.]

제13조의2(의견문의 대상 간행물의 범위) 법 제19조의3제1항제1호에서 "대통령령으로 정하는 간행물"이란 전자출판물을 말한다.

[본조신설 2012. 6. 19.]

제14조(분야별 소위원회의 구성 및 운영 등) ① 법 제20조제1항에 따른 분야별 소위원회는 위원회의 위원 및 해당 분야의 전문가 중에서 위원회의 위원장이 위원회의 동의를 받아 위촉하는 10명 이내의 위원으로 구성한다. 〈개정 2012. 6. 19.〉

② 분야별 소위원회의 위원장은 위원회의 위원 중에서 위원회의 위원장이 위촉한다. 〈개정 2012. 6. 19.〉

③ 분야별 소위원회 위원의 임기는 1년으로 한다. 〈개정 2012. 6. 19.〉

④ 분야별 소위원회는 위원회의 규정에 따라 위원회가 위임한 사항을 심의한다. 〈개정 2012. 6. 19.〉

⑤ 삭제 〈2012. 6. 19.〉

⑥ 위원회 및 분야별 소위원회의 구성 및 운영에 관한 세부적인 사항은 위원회의 규정으로 정한다. 〈개정 2012. 6. 19.〉

[전문개정 2009. 10. 7.]

[제목개정 2012. 6. 19.]

제14조의2 삭제 〈2016. 8. 2.〉

제14조의3(사업계획 등의 승인 및 사업실적 등의 제출) ① 진흥원은 다음 연도 개시 전까지 다음 연도의 사업계획과 예산을 수립·작성하여 문화체육관광부장관에게 제출하고 승인을 받아야 한다. 〈개정 2012. 6. 19., 2016. 8. 2.〉

② 제1항에 따라 승인받은 사업계획과 예산을 변경하려면 문화체육관광부장관의 변경승인을 받아야 한다.

③ 진흥원은 매 연도 종료 후 다음 연도 2월 말일까지 사업실적 및 결산보고서와 재무상태표를 문화체육관광부장관에게 제출하여야 한다. 〈개정 2012. 6. 19., 2016. 8. 2., 2019. 7. 2.〉

[본조신설 2010. 6. 15.]

제15조(간행물의 정가 표시 등) ① 출판사는 법 제22조제1항에 따라 간행물의 표지에 정가(定價)를 표시하여야 한다.

② 법 제22조제2항 전단에서 "발행일"이란 간행물의 매 판을 처음 인쇄한 날을 말한다. 다만, 매 판을 구분할 때에 오탈자의 변경 등 경미한 변경에 따라 다시 인쇄하는 경우는 제외한다. 〈개정 2010. 6. 15., 2012. 6. 19., 2014. 11. 19.〉

③ 출판사는 법 제22조제2항에 따라 발행일부터 12개월이 지난 간행물의 정가를 변경하려는 경우 해당 간행물의 정가를 변경하여 적용하려는 달의 전 달 15일까지 다음 각 호의 사항을 진흥원과 해당 간행물의 유통에 관련된 사업자 및 사업자단체에 알려야 한다. 〈신설 2014. 11. 19., 2018. 1. 23., 2022. 2. 8., 2022. 12. 6.〉

1. 정가를 변경하는 간행물에 관한 사항

가. 간행물의 제목

나. 출판사

다. 저자 및 번역자

라. 발행인

마. 발행일

바. 「도서관법 시행령」 제20조에 따른 국제표준도서번호(같은 조에 따라 부가기호를 추가로 부여받은 경우에는 부가기호를 포함한

다). 다만, 전자출판물의 경우에는 「콘텐츠산업 진흥법」 제23조에 따른 콘텐츠 식별체계로 갈음할 수 있다.

2. 정가변경에 관한 사항

가. 현재의 정가

나. 변경 후 정가

다. 삭제 〈2018. 1. 23.〉

④ 진흥원은 제3항에 따라 통지를 받은 때에는 이를 진흥원 홈페이지에 게시하고, 국립중앙도서관장에게 알려야 한다. 이 경우 전자출판물에 대해서는 「콘텐츠산업 진흥법」 제23조에 따른 콘텐츠 식별체계의 등록을 담당하는 기관에도 함께 알려야 한다. 〈신설 2014. 11. 19.〉

⑤ 법 제22조제7항제2호에 따른 사회복지시설은 「사회복지사업법」에 따른 사회복지법인 및 사회복지시설로 한다. 〈개정 2022. 2. 8.〉

⑥ 법 제22조제7항제5호에서 “대통령령으로 정하는 간행물”이란 다음 각 호의 어느 하나에 해당하는 간행물을 말한다. 〈개정 2012. 6. 19., 2014. 11. 19., 2016. 1. 22., 2022. 2. 8.〉

1. 삭제 〈2014. 11. 19.〉

2. 삭제 〈2014. 11. 19.〉

3. 외국에서 발행된 간행물. 다만, 국내 판매를 주목적으로 하여 발행된 경우는 제외한다.

4. 재판매의 목적이 아닌 독서, 학습 등의 목적으로 최종소비자에게 판매되었던 간행물로서 다시 판매하는 중고 간행물

[전문개정 2009. 10. 7.]

제15조의2(간행물의 유통질서 확립을 위한 조치) ① 법 제23조제2항제5호에서 "대통령령으로 정하는 조치"란 법 제23조제1항제2호의 발표 행위에 사용된 알림 자료, 그 밖에 이와 유사한 발표 수단의 폐기 명령을 말한다.

② 문화체육관광부장관은 법 제23조제3항 전단에 따라 같은 조 제2항에 따른 업무를 진흥원에 위탁한다.

[본조신설 2014. 7. 16.]

제16조(불법복제간행물 등의 수거·폐기를 위한 협조 요청) 법 제25조제5항에서 "대통령령으로 정하는 법인 또는 단체"란 위원회와 「저작권법」 제105조제1항에 따라 문화체육관광부장관의 허가를 받은 저작권신탁관리업자를 말한다.

[전문개정 2009. 10. 7.]

제16조의2(포상금의 지급 등) ① 법 제25조의2에 따라 지급할 수 있는 포상금의 지급액은 1건당 200만원 이내로 한다.

② 법 제25조의2에 따른 포상금은 법 제23조제1항제1호의 행위를 한 자가 관계 행정기관 또는 수사기관에 의하여 발각되기 전에 신고 또는 고발한 자에게 그 신고 또는 고발 사건에 대하여 검사가 공소제기 또는 기소유예의 결정을 한 경우에 한하여 지급한다.

③ 법 제25조의2에 따른 신고 또는 고발이 있은 후에 동일한 위반 사실을 신고 또는 고발한 자에게는 포상금을 지급하지 아니한다.

④ 동일한 위반 사실에 대하여 2명 이상이 공동으로 신고 또는 고발한 경우에는 포상금을 균등하게 배분하여 지급한다. 다만, 포상금을 지급받을 자가 포상금 지급 전에 배분방법에 관하여 미리 합

의한 경우에는 그 합의된 방법에 따라 지급한다.

⑤ 제1항부터 제4항까지에서 규정한 사항 외에 포상금의 지급에 필요한 사항은 문화체육관광부령으로 정한다.

[본조신설 2014. 7. 16.]

제17조(권한의 위임 · 위탁) ① 문화체육관광부장관은 법 제26조에 따라 다음 각 호에 따른 과태료의 부과 · 징수에 관한 권한을 특별시장 · 광역시장 · 특별자치시장 · 도지사 또는 특별자치도지사(이하 "시 · 도지사"라 한다)에게 위임한다. 〈개정 2010. 6. 15., 2012. 6. 19., 2014. 7. 16., 2022. 2. 8.〉

1. 삭제 〈2012. 6. 19.〉

2. 법 제28조제2항제2호에 따른 과태료 중 법 제23조제1항제3호를 위반하여 금지행위를 한 자에 대한 과태료

3. 법 제28조제2항제2호에 따른 과태료 중 법 제23조제2항에 따른 유통과 관련한 시 · 도지사의 명령을 이행하지 않은 자에 대한 과태료

② 문화체육관광부장관은 법 제26조에 따라 법 제25조의2에 따른 포상금의 지급 업무를 진흥원에 위탁한다. 〈신설 2014. 7. 16.〉

[전문개정 2009. 10. 7.]

제17조의2(고유식별정보의 처리) 문화체육관광부장관, 진흥원은 다음 각 호의 사무를 수행하기 위하여 불가피한 경우에는 「개인정보 보호법 시행령」 제19조제1호에 따른 주민등록번호가 포함된 자료를 처리할 수 있다. 〈개정 2016. 8. 2.〉

1. 법 제16조의3제6항에 따른 진흥원 임원의 결격사유 확인에 관

한 사무

2. 법 제17조제4항에 따른 위원회 위원의 위촉에 관한 사무

3. 삭제 〈2016. 8. 2.〉

[본조신설 2014. 12. 16.]

제17조의3(규제의 재검토) 문화체육관광부장관은 다음 각 호의 사항에 대하여 다음 각 호의 기준일을 기준으로 3년마다(매 3년이 되는 해의 기준일과 같은 날 전까지를 말한다) 그 타당성을 검토하여 개선 등의 조치를 해야 한다.

1. 제13조 및 별표 1에 따른 간행물의 유해성 심의에 관한 세부 심의기준: 2022년 1월 1일

2. 제15조제6항제3호에 따른 외국에서 발행된 간행물의 범위: 2023년 11월 21일

[전문개정 2022. 3. 8.]

제18조(과태료의 부과기준) 법 제28조제1항 및 제2항에 따른 과태료의 부과기준은 별표 2와 같다. 〈개정 2012. 6. 19., 2014. 7. 16., 2022. 2. 8.〉

[전문개정 2011. 3. 30.]

부칙 〈제17921호, 2003. 2. 24.〉

제1조 (시행일) 이 영은 2003년 2월 27일부터 시행한다.

제2조 (다른 법령의 폐지 등) ①출판사및인쇄소의등록에관한법률시행령 및 외국간행물수입배포에관한법률시행령은 이를 각각 폐지한다.

②청소년보호법시행령중 다음과 같이 개정한다.

제11조제3항중 "외국간행물수입배포에관한법률"을 "출판및인쇄진흥법"으로 한다.

제34조 내지 제37조의2 및 제38조제1항을 각각 삭제한다.

제3조 (다른 법령과의 관계) 이 영 시행 당시 다른 법령에서 종전의 출판사및인쇄소의등록에관한법률시행령 또는 외국간행물의수입배포에관한법률시행령이나 그 규정을 인용하고 있는 경우에 이 영중 그에 해당하는 규정이 있는 때에는 종전의 규정에 갈음하여 이 영 또는 이 영의 해당 조항을 인용한 것으로 본다.

부칙 〈제18312호, 2004. 3. 17.〉 (전자적민원처리를위한가석방자관리규정등중개정령)

이 영은 공포한 날부터 시행한다.

부칙 〈제18811호, 2005. 4. 27.〉 (청소년기본법시행령)

제1조 (시행일) 이 영은 공포한 날부터 시행한다.

제2조 생략

제3조 (다른 법령의 개정) ①내지 ④생략

⑤출판및인쇄진흥법시행령 일부를 다음과 같이 개정한다.

제12조제2호중 "청소년보호위원회"를 "청소년위원회"로 한다.

⑥내지 ⑧생략

부칙 〈제19431호, 2006. 3. 29.〉 (청소년기본법시행령)

제1조 (시행일) 이 영은 2006년 3월 30일부터 시행한다.

제2조 (다른 법령의 개정) ①내지 ⑩생략

⑪출판및인쇄진흥법시행령 일부를 다음과 같이 개정한다.

제12조제2호중 "청소년위원회"를 "국가청소년위원회"로 한다.

⑫생략

부칙 〈제19963호, 2007. 3. 27.〉 (도서관법 시행령)

제1조 (시행일) 이 영은 2007년 4월 5일부터 시행한다.

제2조 및 제3조 생략

제4조 (다른 법령의 개정) ①내지 ⑧생략

⑨출판및인쇄진흥법시행령 일부를 다음과 같이 개정한다.

제3조제2호중 "도서관및독서진흥법 제18조"를 "「도서관법」 제21조"로 하고, 제5조 및 제15조제3항 후단중 "도서관및독서진흥법시행령 제22조제4항"을 각각 "「도서관법 시행령」 제14조제3항"으로 하며, 제15조제4항중 "도서관및독서진흥법 제2조제1호의 규정에 의한 도서관 및 동법 제2조제2호의 규정에 의한 문고"를 "「도서관법」 제2조제1호에 따른 도서관 및 동조제4호가목에 따른 문고"로 한다.

제5조 생략

부칙 〈제20473호, 2007. 12. 28.〉

제1조 (시행일) 이 영은 2008년 1월 20일부터 시행한다. 다만, 제15조제2항 및 별표 2 제6호의 개정규정은 공포한 날부터 시행한다.

제2조 (다른 법령과의 관계) 이 영 시행 당시 다른 법령에서 종전의 「출판 및 인쇄진흥법 시행령」 또는 그 규정을 인용한 경우에 이 영

가운데 그에 해당하는 규정이 있으면 종전의 규정을 갈음하여 이 영 또는 이 영의 해당 조항을 인용한 것으로 본다.

부칙 〈제20676호, 2008. 2. 29.〉 (문화체육관광부와 그 소속기관 직제)

제1조(시행일) 이 영은 공포한 날부터 시행한다.

제2조 부터 제4조까지 생략

제5조(다른 법령의 개정) ① 부터 ㉚ 까지 생략

㉛ 출판문화산업 진흥법 시행령 일부를 다음과 같이 개정한다.

제4조제2항 · 제3항, 제6조제2항 · 제3항, 제8조, 제9조제1항부터 제3항까지, 제11조 각 호 외의 부분, 제12조제2호, 제15조제5항제5호, 제16조, 제17조제1항 · 제2항 각 호 외의 부분, 제18조제1항 중 "문화관광부장관"을 각각 "문화체육관광부장관"으로 한다.

제15조제5항제1호 · 제2호, 제18조제4항 중 "문화관광부령"을 각각 "문화체육관광부령"으로 한다.

제12조제2호 중 "국가청소년위원회"를 "보건복지가족부"로 한다.

㉜ 부터 ㊲ 까지 생략

부칙 〈제21769호, 2009. 10. 7.〉

이 영은 공포한 날부터 시행한다.

부칙 〈제22076호, 2010. 3. 15.〉 (여성가족부 직제)

제1조(시행일) 이 영은 2010년 3월 19일부터 시행한다.

제2조 생략

제3조(다른 법령의 개정) ① 부터 ㉓ 까지 생략

㉔ 출판문화산업 진흥법 시행령 일부를 다음과 같이 개정한다.

제12조제2호 중 “보건복지가족부”를 “여성가족부”로 한다.

㉕ 및 ㉖ 생략

부칙 〈제22208호, 2010. 6. 15.〉

제1조(시행일) 이 영은 2010년 6월 18일부터 시행한다.

제2조(적용례) 제15조제2항의 개정규정은 이 영 시행 후 최초로 인쇄하는 간행물부터 적용한다.

제3조(다른 법령의 개정) 문화예술진흥법 시행령 일부를 다음과 같이 개정한다.

제34조제1항 본문 중 “전당 및 법 제38조제1항에 따른 한국문학번역원(이하 "번역원"이라 한다)”을 “전당”으로 한다.

제35조 중 “전당과 번역원”을 “전당”으로 한다.

부칙 〈제22783호, 2011. 3. 30.〉

제1조(시행일) 이 영은 공포한 날부터 시행한다.

제2조(과태료에 관한 경과조치) ① 이 영 시행 전의 위반행위에 대하여 과태료의 부과기준을 적용할 때에는 별표 2의 개정규정에도 불구하고 종전의 규정에 따른다.

② 이 영 시행 전의 위반행위로 받은 과태료 부과처분은 별표 2의 개정규정에 따른 위반행위의 횟수 산정에 포함하지 아니한다.

부칙 〈제23861호, 2012. 6. 19.〉

제1조(시행일) 이 영은 2012년 7월 27일부터 시행한다. 다만, 제17조제1항의 개정규정 중 특별자치시장에 관한 부분은 2012년 7월 1일부터 시행한다.

제2조(과태료에 관한 경과조치) ① 이 영 시행 전의 행위에 대하여 과태료의 부과기준을 적용할 때에는 별표 2 제2호라목의 개정규정에도 불구하고 종전의 규정에 따른다.

② 이 영 시행 전의 행위로 받은 과태료 부과처분은 별표 2 제2호라목의 개정규정에 따른 위반행위의 횟수 산정에 포함하지 아니한다.

부칙 〈제24020호, 2012. 8. 3.〉 (사회복지사업법 시행령)

제1조(시행일) 이 영은 2012년 8월 5일부터 시행한다. 〈단서 생략〉

제2조 생략

제3조(다른 법령의 개정) ①부터 ⑪까지 생략

⑫ 출판문화산업 진흥법 시행령 일부를 다음과 같이 개정한다.

제15조제3항 중 "「사회복지사업법」 제2조제2호"를 "「사회복지사업법」 제2조제3호"로, "같은 조 제3호"를 "같은 조 제4호"로 한다.

부칙 〈제25474호, 2014. 7. 16.〉

이 영은 2014년 7월 29일부터 시행한다.

부칙 〈제25734호, 2014. 11. 19.〉

이 영은 2014년 11월 21일부터 시행한다.

부칙 〈제25853호, 2014. 12. 16.〉 (고유식별정보 처리 근거 마련을 위한 신문 등의 진흥에 관한 법률 시행령 등 일부개정령)

이 영은 공포한 날부터 시행한다.

부칙 〈제26923호, 2016. 1. 22.〉

이 영은 공포한 날부터 시행한다.

부칙 〈제27428호, 2016. 8. 2.〉 (문학진흥법 시행령)

제1조(시행일) 이 영은 2016년 8월 4일부터 시행한다.

제2조(다른 법령의 개정) 출판문화산업 진흥법 시행령 일부를 다음과 같이 개정한다.

제14조의2를 삭제한다.

제14조의3제1항 및 제3항 중 “진흥원 및 한국문학번역원”을 각각 “진흥원”으로 한다.

제17조의2 각 호 외의 부분 중 “진흥원 및 한국문학번역원”을 “진흥원”으로 하고, 같은 조 제3호를 삭제한다.

부칙 〈제28601호, 2018. 1. 23.〉

이 영은 공포한 날부터 시행한다.

부칙 〈제29950호, 2019. 7. 2.〉 (어려운 법령용어 정비를 위한 210개 법령의 일부개정에 관한 대통령령)

이 영은 공포한 날부터 시행한다. 〈단서 생략〉

부칙 〈제32398호, 2022. 2. 8.〉

제1조(시행일) 이 영은 2022년 2월 11일부터 시행한다.

제2조(과태료의 부과기준에 관한 적용례) 이 영 시행 전의 위반행위로 받은 과태료 부과처분은 별표 2의 개정규정에 따른 위반행위의 횟수 산정에 포함하지 않는다.

부칙 〈제32528호, 2022. 3. 8.〉 (규제 재검토기한 설정 해제 등을 위한 91개 법령의 일부개정에 관한 대통령령)

이 영은 공포한 날부터 시행한다.

부칙 〈제33023호, 2022. 12. 6.〉 (도서관법 시행령)

제1조(시행일) 이 영은 2022년 12월 8일부터 시행한다.

제2조 부터 제4조까지 생략

제5조(다른 법령의 개정) ①부터 ㉒까지 생략

㉓ 출판문화산업 진흥법 시행령 일부를 다음과 같이 개정한다.

제3조제2호 중 "「도서관법」 제21조"를 "「도서관법」 제23조"로 한다.

제5조 중 "「도서관법 시행령」 제14조제3항"을 "「도서관법 시행령」 제20조제3항"으로 한다.

제15조제3항제1호바목 중 "「도서관법 시행령」 제14조"를 "「도서관법 시행령」 제20조"로 한다.

㉔ 및 ㉕ 생략

제6조 생략

별표 / 서식

[별표 1] 간행물의 유해성 심의에 관한 세부 심의기준(제13조 관련)

[별표 2] 과태료의 부과기준(제18조 관련)

출판문화산업 진흥법 시행규칙
(약칭 : 출판법 시행규칙)

[시행 2020. 6. 23.] [문화체육관광부령 제397호, 2020. 6. 23., 타법개정]

제1조(목적)
제2조(신고)
제3조(변경신고)
제4조(신고확인증의 발급)
제5조(신고 상황의 보고)
제6조(폐업신고)
제7조(의견문의의 절차)
제8조삭　제
제9조삭　제
제9조의2(간행물의 유통질서)
제10조삭　제
제11조삭　제
제12조삭　제
제13조삭　제
제14조삭　제
제15조삭　제
제16조삭　제
제17조삭　제
제18조(증표)
제19조삭　제

**개정 예정 법률 밑줄 별도 표시.

출판문화산업 진흥법 시행규칙
(약칭 : 출판법 시행규칙)

[시행 2020. 6. 23.] [문화체육관광부령 제397호, 2020. 6. 23., 타법개정]

제1조(목적) 이 규칙은 「출판문화산업 진흥법」 및 같은 법 시행령에서 위임된 사항과 그 시행에 필요한 사항을 규정함을 목적으로 한다.

[전문개정 2009. 10. 16.]

제2조(신고) 「출판문화산업 진흥법」(이하 "법"이라 한다) 제9조제1항 전단에 따른 출판사의 경영신고는 별지 제1호서식의 신고서(정보통신망에 의한 신고서를 포함한다)에 따른다.

[전문개정 2009. 10. 16.]

제3조(변경신고) 법 제9조제1항 후단에 따른 출판사의 변경신고를 하려는 자는 신고 사항이 변경된 날부터 20일 이내에 별지 제1호서식의 신고서에 제4조제1항에 따른 신고확인증을 첨부하여 특별자치시장·특별자치도지사·시장·군수·구청장(자치구의 구청장을 말한다. 이하 "시장등"이라 한다)에게 제출하여야 한다. 〈개정 2019. 6. 25.〉

[전문개정 2009. 10. 16.]

제4조(신고확인증의 발급) ① 법 제9조제4항에 따른 신고확인증은 별지 제2호서식과 같다. 〈개정 2019. 6. 25.〉

② 시장등은 제3조에 따른 변경신고를 받으면 신고확인증의 해당 부분을 정정하여 내주어야 한다(정보통신망에 의한 발급을 포함한다). 〈개정 2019. 6. 25.〉

③ 제1항 및 제2항에 따라 신고확인증을 발급받은 자가 신고확인증을 잃어버리거나 신고확인증이 헐어서 못 쓰게 되어 재발급 받으려는 경우에는 별지 제2호의2서식의 출판사 신고확인증 재발급신청서에 신고확인증을 첨부(헐어서 못 쓰게 된 경우만 해당한다)하여 시장등에게 제출해야 한다. 〈신설 2019. 6. 25.〉

[전문개정 2009. 10. 16.]

제5조(신고 상황의 보고) ① 시장등은 법 제9조제5항 및 제11조제2항에 따라 매 분기의 신고 및 말소 상황을 그 분기의 다음 달 10일까지 보고(정보통신망에 의한 보고를 포함한다)하여야 한다. 〈개정 2019. 6. 25.〉

② 제1항에 따른 보고는 별지 제3호서식에 따른다.

[전문개정 2009. 10. 16.]

제6조(폐업신고) ① 법 제11조제1항에 따라 폐업신고를 하려는 자는 별지 제3호의2서식의 폐업신고서에 신고확인증을 첨부하여 관할 시장등에게 제출해야 한다.

② 제1항에 따라 폐업신고를 하려는 자가 「부가가치세법」 제8조제7항에 따른 폐업신고를 같이 하려는 경우에는 제1항에 따른 폐업신고서와 「부가가치세법 시행규칙」에 따른 폐업신고서를 함께 시장등에게 제출하거나, 「민원 처리에 관한 법률 시행령」 제12조제10항에 따른 통합 폐업신고서를 시장등에게 제출해야 한다. 이 경우 시

장등은 함께 제출받은 「부가가치세법 시행규칙」에 따른 폐업신고서 또는 통합 폐업신고서를 지체 없이 관할 세무서장에게 송부(정보통신망을 이용한 송부를 포함한다)해야 한다.

[본조신설 2019. 6. 25.]

제7조(의견문의의 절차) ① 법 제19조의3제1항에 따른 의견문의를 하려는 자는 간행물을 유통·판매하기 전에 별지 제4호서식의 의견문의 신청서에 다음 각 호의 서류를 첨부하여 법 제17조제1항에 따른 간행물윤리위원회(이하 “위원회”라 한다)에 제출하여야 한다.

1. 의견문의 대상 간행물(전자출판물의 경우에는 그 파일 또는 그 파일이 고정된 유형물을 말한다. 이하 이 조에서 같다)의 목록 1부

2. 의견문의 대상 간행물 각 1부

② 위원회는 제1항에 따라 의견문의 신청을 받았을 때에는 그 신청을 받은 날부터 5일 이내에 법 제19조의3제3항 단서에 따라 위원회의 심의를 거쳐야 하는지 여부와 신청에 대한 의견을 신청인에게 알려야 한다. 다만, 법 제19조의3제3항 단서에 따라 위원회의 심의를 거쳐야 하는 경우에는 14일 이내에 신청에 대한 위원회의 심의 결과를 알려야 한다.

③ 위원회는 제2항에 따라 신청에 대한 의견 또는 위원회의 심의 결과를 신청인에게 알릴 때에는 제1항제2호의 간행물을 신청인에게 되돌려 주어야 한다.

[전문개정 2012. 7. 27.]

제8조 삭제 〈2012. 7. 27.〉

제9조 삭제 〈2014. 11. 20.〉

제9조의2(간행물의 유통질서) ① 삭제 〈2014. 11. 20.〉

② 삭제 〈2014. 11. 20.〉

③ 법 제23조제4항에 따른 현장출입 또는 서류검사를 하는 사람의 권한을 표시하는 증표는 별지 제5호서식과 같다. 〈신설 2014. 7. 24.〉

[본조신설 2010. 6. 21.]

제10조 삭제 〈2009. 10. 16.〉

제11조 삭제 〈2009. 10. 16.〉

제12조 삭제 〈2009. 10. 16.〉

제13조 삭제 〈2009. 10. 16.〉

제14조 삭제 〈2009. 10. 16.〉

제15조 삭제 〈2009. 10. 16.〉

제16조 삭제 〈2009. 10. 16.〉

제17조 삭제 〈2009. 10. 16.〉

제18조(증표) 법 제25조제4항에 따른 관계공무원의 권한을 표시하는 증표는 별지 제9호서식과 같다.

[전문개정 2009. 10. 16.]

제19조 삭제 〈2020. 6. 23.〉

부칙 〈제73호, 2003. 2. 27.〉

이 규칙은 2003년 2월 27일부터 시행한다.

부칙 〈제149호, 2006. 10. 27.〉 (영화 및 비디오물의 진흥

에 관한 법률 시행규칙)

제1조 (시행일) 이 규칙은 2006년 10월 29일부터 시행한다.

제2조 생략

제3조 (다른 법령의 개정) ①생략

②출판 및 인쇄진흥법 시행규칙 일부를 다음과 같이 개정한다.

별지 제6호서식중 “음반·비디오물 및 게임물에 관한 법률”을 “「영화 및 비디오물의 진흥에 관한 법률」 및 「음악산업진흥에 관한 법률」”로 한다.

제4조 생략

부칙 〈제177호, 2007. 12. 13.〉 (전자정부 구현을 위한 공연법 시행규칙 등 일부개정령)

이 규칙은 공포한 날부터 시행한다.

부칙 〈제178호, 2007. 12. 28.〉

이 규칙은 2008년 1월 20일부터 시행한다.

부칙 〈제1호, 2008. 3. 6.〉 (문화체육관광부와 그 소속기관 직제 시행규칙)

제1조(시행일) 이 규칙은 공포한 날부터 시행한다.

제2조 생략

제3조(다른 법령의 개정) ① 부터 ㉓ 까지 생략

㉔ 출판문화산업 진흥법 시행규칙 일부를 다음과 같이 개정한다.

제9조 중 "문화관광부령"을 "문화체육관광부령"으로 한다.

제10조제2항 각 호 외의 부분, 제15조, 제16조 본문 중 "문화관광부장관"을 각각 "문화체육관광부장관"으로 한다.

제10조제1항 · 제2항제2호, 제15조 중 "문화관광부"를 각각 "문화체육관광부"로 한다.

부칙 〈제43호, 2009. 10. 16.〉

이 규칙은 공포한 날부터 시행한다.

부칙 〈제61호, 2010. 6. 21.〉

이 규칙은 2010년 7월 1일부터 시행한다.

부칙 〈제121호, 2012. 7. 27.〉

이 규칙은 2012년 7월 27일부터 시행한다.

부칙 〈제162호, 2013. 12. 31.〉 (행정규제기본법 개정에 따른 규제 재검토기한 설정을 위한 영화 및 비디오물의 진흥에 관한 법률 시행규칙 등 일부개정령)

이 규칙은 2014년 1월 1일부터 시행한다.

부칙 〈제173호, 2014. 6. 19.〉 (개인정보 보호 등을 위한 문화산업진흥 기본법 시행규칙 등 일부개정령)

이 규칙은 공포한 날부터 시행한다.

부칙 〈제174호, 2014. 7. 24.〉

이 규칙은 2014년 7월 29일부터 시행한다.

부칙 〈제197호, 2014. 11. 20.〉

이 규칙은 2014년 11월 21일부터 시행한다.

부칙 〈제235호, 2015. 12. 30.〉 (규제 재검토기한 설정을 위한 경륜·경정법 시행규칙 등 일부개정령)

이 규칙은 공포한 날부터 시행한다.

부칙 〈제241호, 2015. 12. 31.〉 (법령서식 개선 등을 위한 게임산업진흥에 관한 법률 시행규칙 등 일부개정령)

제1조(시행일) 이 규칙은 공포한 날부터 시행한다.

제2조(서식 개정에 관한 경과조치) 이 규칙 시행 당시 종전의 규정에 따른 서식은 이 규칙 시행 이후 3개월 간 이 규칙에 따른 서식과 함께 사용할 수 있다.

부칙 〈제242호, 2016. 1. 22.〉

이 규칙은 공포한 날부터 시행한다.

부칙 〈제358호, 2019. 6. 25.〉

이 규칙은 2019년 6월 25일부터 시행한다.

부칙 〈제397호, 2020. 6. 23.〉 (규제 재검토기한 설정 해제 등을 위한 7개 문화체육관광부령의 일부개정에 관한 문화체육관광부령)

이 규칙은 공포한 날부터 시행한다.

별표 / 서식

[별지 제1호서식] 출판사(신고서, 변경신고서)

[별지 제2호서식] 출판사 신고확인증

[별지 제2호의2서식] 출판사 신고확인증 재발급신청서

[별지 제3호서식] 출판사의 신고 및 폐업 상황 보고서

[별지 제3호의2서식] 출판사 폐업신고서

[별지 제4호서식] 의견문의 신청서(국내간행물, 외국간행물)

[별지 제5호서식] 간행물 유통질서 확인 반원증

[별지 제6호서식] 삭제 〈2012.7.27〉

[별지 제7호서식] 삭제 〈2012.7.27〉

[별지 제8호서식] 삭제 〈2012.7.27〉

[별지 제9호서식] 불법복제간행물 및 유해간행물 단속반원증

대한민국 법령 시리즈 390

출판문화산업 진흥법

(약칭 : 출판법)

법 령 / 시 행 령 / 시 행 규 칙

2025년 6월 11일 인쇄 정가 11,000원
2025년 6월 21일 발행

편 저 편집부
디 자 인 송영미
발 행 인 조준형 http://www.hgbookpub.com
발 행 처 해광출판사 E-mail : munbookcokr@naver.com
주 소 부산광역시 중구 해관로 41-1 (중앙동2가)
전화번호 (051) 253-0001 팩스 (051) 245-1187
등 록 제 2012-000005호

해광출판사에서는 여러분의 소중한 원고와 함께 할 기회를 기다리고 있습니다. 책으로 엮을 원고나 아이디어가 있으신 분들은 이메일 munbookcokr@naver.com 로 책에 대한 간단한 개요와 원고 전체 또는 일부를 연락처와 함께 보내주십시오.

ISBN 979-11-6881-841-5

※ 법령 출처 : 법제처 국가법령정보센터
※ 본 도서는 〈공공데이터 제공 및 이용 활성화에 관한 법률〉을 근거로 출판되었습니다.

해광출판사 대한민국 법령 시리즈

001. 선원법
002. 어선법
003. 선박직원법
004. 해사안전기본법
005. 해양환경관리법
006. 선박의 입항 및 출항등에 관한 법률
007. 학교안전사고예방 및 보상에 관한 법률
008. 종합부동산세법
009. 방위사업법
010. 행정규제기본법
011. 식품산업진흥법
012. 위험물안전관리법
013. 화재의 예방 및 안전관리에 관한 법률
014. 도시가스사업법
015. 실내공기질관리법
016. 지방세법
017. 소득세법
018. 법인세법
019. 도선법
020. 선박안전법
021. 선박법
022. 수산업법
023. 고압가스안전관리법
024. 국민연금법
025. 공동주택관리법
026. 화학물질관리법
027. 어선원 및 어선 재해보상보험법
028. 장기등 이식에 관한 법률
029. 자연재해대책법
030. 공유재산 및 물품 관리법
031. 산업입지 및 개발에 관한 법률
032. 부정경쟁방지 및 영업비밀보호에 관한 법률
033. 금융지주회사법
034. 온실가스 배출권의 할당 및 거래에 관한 법률
035. 건축사법
036. 산림문화휴양에 관한 법률
037. 전기사업법
038. 사립학교법
039. 고등교육법
040. 액화석유가스의 안전관리 및 사업법
041. 선박투자회사법
042. 수산자원관리법
043. 위험물선박운송및저장규칙
044. 선박평형수관리법
045. 주택임대차보호법
046. 상가건물임대차보호법
047. 지방공기업법
048. 승강기안전관리법
049. 수목원·정원의 조성 및 진흥에 관한 법률
050. 민법
051. 치료감호 등에 관한 법률
052. 대부업 등의 등록 및 금융이용자 보호에 관한 법률
053. 사료관리법
054. 무형문화재 보전 및 진흥에 관한 법률
055. 총포·도검·화약류 등의 안전관리에 관한 법률
056. 경찰관직무집행법
057. 시설물의 안전 및 유지관리에 관한 특별법
058. 수산생물질병 관리법
059. 소비자기본법
060. 국제선박등록법
061. 정보통신망 이용촉진 및 정보보호 등에 관한 법률
062. 해운법
063. 농수산물 품질관리법
064. 수산업협동조합법
065. 해외건설촉진법
066. 수상레저안전법
067. 공무원재해보상법
068. 수상에서의 수색·구조 등에 관한 법률
069. 어촌어항법
070. 항만법
071. 항만운송사업법
072. 해양경비법
073. 해양사고의 조사 및 심판에 관한 법률
074. 외국인근로자의 고용 등에 관한 법률
075. 중소기업기본법
076. 자유무역지역의 지정 및 운영에 관한 법률
077. 대기환경보전법
078. 소음진동관리법
079. 폐기물관리법
080. 하수도법
081. 물환경보전법
082. 토양환경보전법
083. 환경정책기본법
084. 산업재해보상보험법
085. 관세법
086. 노동조합 및 노동관계조정법
087. 근로기준법
088. 군인연금법
089. 먹는물관리법
090. 기술보증기금법
091. 관광진흥법
092. 감염병의 예방 및 관리에 관한 법률
093. 사법경찰관리의 직무를 수행할 자와 그 직무범위에 관한 법률
094. 수의사법
095. 가정폭력방지 및 피해자보호 등에 관한 법률
096. 환경영향평가법
097. 체육시설의 설치 · 이용에 관한 법률
098. 장사 등에 관한 법률
099. 상호저축은행법
100. 은행법
101. 보호관찰 등에 관한 법률
102. 형법
103. 자동차관리법
104. 형사소송법
105. 전자금융거래법
106. 마약류 불법거래 방지에 관한 특례법
107. 도로법
108. 주세법
109. 변리사법
110. 하천법
111. 중소기업진흥에 관한 법률
112. 발달장애인 권리보장 및 지원에 관한 법률
113. 주택법
114. 장애인복지법
115. 농어업경영체 육성 및 지원에 관한 법률
116. 공인중개사법
117. 건강기능식품에 관한 법률
118. 예비군법
119. 개발제한구역의 지정 및 관리에 관한 특별조치법
120. 국유재산법
121. 주차장법
122. 환경기술 및 환경산업 지원법
123. 대기관리권역의 대기환경개선에 관한 특별법
124. 악취방지법
125. 미세먼지 저감 및 관리에 관한 특별법
126. 가축분뇨의 관리 및 이용에 관한 법률
127. 물의 재이용 촉진 및 지원에 관한 법률
128. 물관리기본법
129. 물관리기술 발전 및 물산업 진흥에 관한 법률
130. 자원의 절약과 재활용촉진에 관한 법률
131. 전기 · 전자제품 및 자동차의 자원순환에 관한 법률
132. 건설폐기물의 재활용촉진에 관한 법률
133. 수도권매립지관리공사의 설립 및 운영 등에 관한 법률
134. 폐기물의 국가 간 이동 및 그 처리에 관한 법률
135. 폐기물처리시설 설치촉진 및 주변지역지원 등에 관한 법률
136. 자원순환기본법
137. 잔류성오염물질 관리법
138. 환경분쟁 조정법

해광출판사 대한민국 법령 시리즈

139. 화학물질의 등록 및 평가 등에 관한 법률
140. 환경오염시설의 통합관리에 관한 법률
141. 환경오염피해 배상책임 및 구제에 관한 법률
142. 중소기업제품 구매촉진 및 판로지원에 관한 법률
143. 환경개선비용 부담법
144. 환경분야 시험·검사 등에 관한 법률
145. 환경친화적 산업구조로의 전환촉진에 관한 법률
146. 환경친화적 자동차의 개발 및 보급 촉진에 관한 법률
147. 환경범죄 등의 단속 및 가중처벌에 관한 법률
148. 생명윤리 및 안전에 관한 법률
149. 장애인차별금지 및 권리구제 등에 관한 법률
150. 부동산투자회사법
151. 정치자금법
152. 과학기술기본법
153. 대리점거래의 공정화에 관한 법률
154. 상속세 및 증여세법
155. 학원의 설립 · 운영 및 과외교습에 관한 법률
156. 해양심층수의 개발 및 관리에 관한 법률
157. 전기용품 및 생활용품 안전관리법
158. 사회기반시설에 대한 민간투자법
159. 공직선거법
160. 정당법
161. 유류오염손해배상 보장법
162. 부정청탁 및 금품등 수수의 금지에 관한 법률
163. 항로표지법
164. 어장관리법
165. 민방위기본법
166. 공직자윤리법
167. 선거관리위원회법
168. 유선 및 도선 사업법
169. 전기공사업법
170. 사회복지사업법
171. 택지개발촉진법
172. 국가공무원법
173. 민간임대주택에 관한 특별법
174. 어음법·수표법
175. 민사집행법
176. 상법
177. 문화예술진흥법
178. 중소기업협동조합법
179. 농업협동조합법
180. 도로교통법
181. 의료사고 피해구제 및 의료분쟁 조정 등에 관한 법률
182. 산림보호법
183. 소년법
184. 동물보호법
185. 건축물관리법
186. 도시개발법
187. 화물자동차 운수사업법
188. 도시 및 주거환경정비법
189. 의료법
190. 국회법
191. 응급의료에 관한 법률
192. 출입국관리법
193. 노인복지법
194. 산림자원의 조성 및 관리에 관한 법률
195. 청소년 보호법
196. 초 · 중등교육법
197. 혁신도시 조성 및 발전에 관한 특별법
198. 경제자유구역의 지정 및 운영에 관한 특별법
199. 공공기관의 운영에 관한 법률
200. 대한민국헌법
201. 국민기초생활 보장법
202. 저작권법
203. 가사소송법
204. 국가유공자 등 예우 및 지원에 관한 법률
205. 국민체육진흥법
206. 전통주 등의 산업진흥에 관한 법률
207. 재난 및 안전관리 기본법
208. 정보통신공사업법
209. 주식회사 등의 외부감사에 관한 법률
210. 공익사업을 위한 토지 등의 취득 및 보상에 관한 법률
211. 개인정보 보호법
212. 국세기본법
213. 에너지이용 합리화법
214. 감정평가 및 감정평가사에 관한 법률
215. 국가인권위원회법
216. 가맹사업거래의 공정화에 관한 법률
217. 보건의료기본법
218. 산업안전보건법
219. 법무사법
220. 교육공무원법
221. 특허법
222. 민사소송법
223. 아동복지법
224. 전파법
225. 하도급거래 공정화에 관한 법률
226. 기초연금법
227. 사립학교교직원 연금법
228. 직업안정법
229. 장애아동 복지지원법
230. 부동산등기법
231. 자동차손해배상 보장법
232. 철도안전법
233. 항공안전법
234. 전자상거래 등에서의 소비자보호에 관한 법률
235. 독점규제 및 공정거래에 관한 법률
236. 상표법
237. 채무자 회생 및 파산에 관한 법률
238. 공무원연금법
239. 축산법
240. 근로복지기본법
241. 민원 처리에 관한 법률
242. 약사법
243. 방문판매 등에 관한 법률
244. 건축기본법
245. 지방세기본법
246. 지방세징수법
247. 지방자치법
248. 도시교통정비 촉진법
249. 공공주택 특별법
250. 국세징수법
251. 공인노무사법
252. 중대재해 처벌 등에 관한 법률
253. 외무공무원법
254. 소방시설공사업법
255. 검역법
256. 공중위생관리법
257. 할부거래에 관한 법률
258. 인터넷 멀티미디어 방송사업법
259. 전기통신사업법
260. 제품안전기본법
261. 철도사업법
262. 어린이제품 안전 특별법
263. 영유아보육법
264. 원자력안전법
265. 보험업법
266. 경비업법
267. 교통안전법
268. 세무사법
269. 관세사법
270. 공인회계사법
271. 지방공무원법
272. 고용정책 기본법
273. 국가경찰과 자치경찰의 조직 및 운영에 관한 법률
274. 협동조합 기본법
275. 재해구호법
276. 환경보건법

해광출판사 대한민국 법령 시리즈

277. 자살예방 및 생명존중문화 조성을 위한 법률
278. 소방산업의 진흥에 관한 법률
279. 소방기본법
280. 비송사건절차법
281. 자연환경보전법
282. 변호사법
283. 기업구조조정투자회사법
284. 전기통신기본법
285. 에너지법
286. 해양생태계의 보전 및 관리에 관한 법률
287. 사회보장기본법
288. 통신비밀보호법
289. 공증인법
290. 물류시설의 개발 및 운영에 관한 법률
291. 청소년활동 진흥법
292. 형의 집행 및 수용자의 처우에 관한 법률
293. 도시공원 및 녹지 등에 관한 법률
294. 태권도 진흥 및 태권도공원 조성 등에 관한 법률
295. 녹색건축물 조성 지원법
296. 우편법
297. 예금자보호법
298. 건설산업기본법
299. 금융회사의 지배구조에 관한 법률
300. 장애인활동 지원에 관한 법률
301. 언론중재 및 피해구제 등에 관한 법률
302. 국가재정법
303. 농지법
304. 게임산업진흥에 관한 법률
305. 정신건강증진 및 정신질환자 복지서비스 지원에 관한 법률
306. 디자인보호법
307. 의료기사 등에 관한 법률
308. 스마트도시 조성 및 산업진흥 등에 관한 법률
309. 내수면어업법
310. 한국주택금융공사법
311. 의료기기법
312. 유통산업발전법
313. 전통시장 및 상점가 육성을 위한 특별법
314. 여신전문금융업법
315. 해외자원개발 사업법
316. 산업교육진흥 및 산학연협력촉진에 관한 법률
317. 빈집 및 소규모주택 정비에 관한 특례법
318. 기업도시개발 특별법
319. 전력기술관리법
320. 국토기본법
321. 지하수법
322. 식품위생법
323. 광업법
324. 호스피스·완화의료 및 임종과정에 있는 환자의 연명의료결정에 관한 법률
325. 주식·사채 등의 전자등록에 관한 법률
326. 표시·광고의 공정화에 관한 법률
327. 골재채취법
328. 국민건강증진법
329. 새마을금고법
330. 여객자동차 운수사업법
331. 마리나항만의 조성 및 관리 등에 관한 법률
332. 한부모가족지원법
333. 국가를 당사자로 하는 계약에 관한 법률
334. 지방자치단체를 당사자로 하는 계약에 관한 법률
335. 축산물 위생관리법
336. 병역법
337. 음악산업진흥에 관한 법률
338. 국가균형발전 특별법
339. 첨단재생의료 및 첨단바이오의약품 안전 및 지원에 관한 법률
340. 공간정보의 구축 및 관리 등에 관한 법률
341. 공유수면 관리 및 매립에 관한 법률
342. 농수산물 유통 및 가격안정에 관한 법률
343. 아시아문화중심도시 조성에 관한 특별법
344. 신탁법
345. 자연공원법
346. 생활화학제품 및 살생물제의 안전관리에 관한 법률
347. 군인사법
348. 국제조세조정에 관한 법률
349. 낙동강수계 물관리 및 주민지원 등에 관한 법률
350. 주민등록법
351. 집합건물의 소유 및 관리에 관한 법률
352. 집단에너지사업법
353. 산림조합법
354. 반도체집적회로의 배치설계에 관한 법률
355. 자본시장과 금융투자업에 관한 법률
356. 담보부사채신탁법
357. 근로자퇴직급여 보장법
358. 국제과학비즈니스벨트 조성 및 지원에 관한 특별법
359. 수도법
360. 식품 등의 표시·광고에 관한 법률
361. 약관의 규제에 관한 법률
362. 인삼산업법
363. 종자산업법
364. 항공사업법
365. 건설기계관리법
366. 군형법
367. 궤도운송법
368. 기술의 이전 및 사업화 촉진에 관한 법률
369. 농수산물의 원산지 표시 등에 관한 법률
370. 담배사업법
371. 석유 및 석유대체연료 사업법
372. 가축전염병 예방법
373. 농어촌정비법
374. 식물신품종 보호법
375. 항공보안법
376. 중소기업창업 지원법
377. 군사법원법
378. 우주개발 진흥법
379. 해저광물자원 개발법
380. 산림복지 진흥에 관한 법률
381. 지능형 로봇 개발 및 보급 촉진법
382. 헌법재판소법
383. 옥외광고물 등의 관리와 옥외광고산업 진흥에 관한 법률
384. 혈액관리법
385. 국제항해선박 등에 대한 해적행위 피해예방에 관한 법률
386. 유료도로법
387. 독립유공자예우에 관한 법률
388. 신에너지 및 재생에너지 개발·이용·보급 촉진법
389. 신용정보의 이용 및 보호에 관한 법률
390. 출판문화산업 진흥법
391. 공항시설법
392. 국민 평생 직업능력 개발법
393. 아동·청소년의 성보호에 관한 법률
394. 방송법쉬
395. 신용보증기금법
396. 화장품법
397. 청소년 기본법
398. 인터넷주소자원에 관한 법률
399. 양곡관리법
400. 도로명주소법
401. 전자문서 및 전자거래 기본법
402. 산업기술의 유출방지 및 보호에 관한 법률
403. 국가기술자격법
404. 양식산업발전법
405. 산업기술혁신 촉진법
406. 새만금사업 추진 및 지원에 관한 특별법
407. 전자정부법
408. 지역 개발 및 지원에 관한 법률
409. 한국농어촌공사 및 농지관리기금법
410. 계량에 관한 법률
411. 기업활동 규제완화에 관한 특별조치법
412. 군에서의 형의 집행 및 군수용자의 처우에 관한 법률

해광출판사 대한민국 법령 시리즈

413. 규제자유특구 및 지역특화발전특구에 관한 규제특례법
414. 금융위원회의 설치 등에 관한 법률
415. 남녀고용평등과 일·가정 양립 지원에 관한 법률
416. 농어업인 삶의 질 향상 및 농어촌지역 개발촉진에 관한 특별법
417. 댐건설·관리 및 주변지역지원 등에 관한 법률
418. 국가유산수리 등에 관한 법률
419. 법원조직법
420. 보훈보상대상자 지원에 관한 법률
421. 부패방지 및 국민권익위원회의 설치와 운영에 관한 법률
422. 과학기술분야 정부출연연구기관 등의 설립·운영 및 육성에 관한 법률
423. 연구개발특구의 육성에 관한 특별법
424. 친환경농어업 육성 및 유기식품 등의 관리·지원에 관한 법률
425. 연안관리법
426. 영화 및 비디오물의 진흥에 관한 법률
427. 신용협동조합법
428. 방송통신발전 기본법
429. 범죄피해자 보호법
430. 가축 및 축산물 이력관리에 관한 법률
431. 국가표준기본법
432. 국가통합교통체계효율화법
433. 범죄인 인도법
434. 국가과학기술 경쟁력 강화를 위한 이공계지원 특별법
435. 국제경기대회 지원법
436. 금융혁신지원 특별법
437. 수자원의 조사·계획 및 관리에 관한 법률
438. 축산자조금의 조성 및 운용에 관한 법률
439. 소방시설 설치 및 관리에 관한 법률
440. 양성평등기본법
441. 축산계열화사업에 관한 법률
442. 수입식품안전관리 특별법
443. 대외무역법
444. 국가연구개발사업 등의 성과평가 및 성과관리에 관한 법률
445. 무역보험법
446. 기술사법
447. 광산안전법
448. 농약관리법
449. 농업·농촌 및 식품산업 기본법
450. 문화산업진흥 기본법
451. 부담금관리 기본법
452. 야생생물 보호 및 관리에 관한 법률
453. 한국은행법
454. 별정우체국법
455. 원양산업발전법
456. 콘텐츠산업 진흥법
457. 한국수출입은행법
458. 외국인투자 촉진법
459. 물류정책기본법
460. 전자서명법
461. 산업발전법
462. 산업표준화법
463. 소프트웨어 진흥법
464. 토지이용규제 기본법
465. 해수욕장의 이용 및 관리에 관한 법률
466. 정보통신 진흥 및 융합 활성화 등에 관한 특별법
467. 정보통신산업 진흥법
468. 지진·화산재해대책법
469. 소금산업진흥법
470. 위치정보의 보호 및 이용 등에 관한 법률
471. 외국법자문사법
472. 이러닝(전자학습)산업 발전 및 이러닝 활용 촉진에 관한 법률
473. 암관리법
474. 실용신안법
475. 가족관계의 등록 등에 관한 법률
476. 무인도서의 보전 및 관리에 관한 법률
477. 감사원법
478. 정보보호산업의 진흥에 관한 법률
479. 결혼중개업의 관리에 관한 법률
480. 공익신고자 보호법
481. 박물관 및 미술관 진흥법
482. 낚시 관리 및 육성법
483. 동산·채권 등의 담보에 관한 법률
484. 임금채권보장법
485. 국민투표법
486. 농림수산업자 신용보증법
487. 국가채권 관리법
488. 중소기업은행법
489. 식품안전기본법
490. 외국환거래법
491. 발명진흥법
492. 건설기술 진흥법
493. 기후위기 대응을 위한 탄소중립·녹색성장 기본법
494. 인체조직안전 및 관리 등에 관한 법률
495. 엔지니어링산업 진흥법
496. 신문 등의 진흥에 관한 법률
497. 식물방역법
498. 석탄산업법
499. 산업융합 촉진법
500. 비료관리법
501. 임업 및 산촌 진흥촉진에 관한 법률
502. 복권 및 복권기금법
503. 대규모유통업에서의 거래 공정화에 관한 법률
504. 뉴스통신 진흥에 관한 법률
505. 지능정보화 기본법
506. 자격기본법
507. 중소기업 기술혁신 촉진법
508. 국가공간정보 기본법
509. 농어업재해대책법
510. 방송광고판매대행 등에 관한 법률
511. 지식재산 기본법
512. 초고층 및 지하연계 복합건축물 재난관리에 관한 특별법
513. 해양 조사와 해양정보 활용에 관한 법률
514. 공간정보산업 진흥법
515. 공공기관의 정보공개에 관한 법률
516. 행정기본법
517. 해상교통안전법
518. 농어업재해보험법
519. 문화유산의 보존 및 활용에 관한 법률
520. 자연유산의 보존 및 활용에 관한 법률
521. 국토의 계획 및 이용에 관한 법률
522. 건축법
523. 국민건강보험법
524. 계엄법
525. 환경친화적 선박의 개발 및 보급 촉진에 관한 법률
526. 해양폐기물 및 해양오염퇴적물 관리법
527. 연안사고 예방에 관한 법률
528. 전기안전관리법
529. 의약품 등의 안전에 관한 규칙
530. 공공보건의료에 관한 법률
531. 군보건의료에 관한 법률
532. 농어촌 등 보건의료를 위한 특별조치법
533. 보호소년 등의 처우에 관한 법률
534. 국가를 당사자로 하는 소송에 관한 법률

*** 해광출판사의 법령 시리즈는 계속 발행 됩니다.**
**** 각 도서의 개정판은 인쇄일을 기준으로 제작 되었습니다.**